真宗文庫

近代日本と親鸞

—信の再生—

安冨信哉

東本願寺出版

もくじ

本書は、二〇一一年に真宗大谷派（東本願寺）の「宗祖親鸞聖人七百五十回御遠忌」を記念して出版された『シリーズ親鸞』全十巻（筑摩書房刊）より、第九巻『近代日本と親鸞―信の再生』を文庫化したものです。

凡例

*本文中、史資料の引用については、基本的に東本願寺出版（真宗大谷派宗務所出版部）発行『真宗聖典』を使用した。

*『真宗聖典』収録以外の引用については、『真宗聖教全書』（大八木興文堂）、『真宗史料集成』（同朋舎出版）などに依拠した。

*本書の引用文については、読みやすさを考慮して、文字の一部をかなに改め、新字・新かなを用いた。また、適宜ルビ、句読点を施した。

はじめに

近代の概念

本書は、〈近代日本と親鸞——信の再生〉というテーマで、親鸞の信が、近代の日本において、どのような場面に直面し、またどのような観点からその意味が再確認されたか、ということを概略的に辿ったものである。

近代とは何か。近代はいつから始まったのか。これについては様々な論議が交わされてきたし、それは今も続いている。しかし、近代という概念に決定的な答えを出すことは無理なように思われる。政治史的に、経済史的に、法制史的に、社会史的に、文化史的に……無数の見解が表明され、その見解は一様ではない。

ただ、近代の概念に決定的な答えを出すことは断念されたとしても、社会体制の変動という視点からみれば、通説のとおり、日本の場合、近代は、幕藩体制の崩壊した明治維新（一八六八年）から太平洋戦争の終結（一九四五年）までというのが了解しやすいだろう。したがって、〈近代日本と親鸞〉というテーマは、明治維新から太平洋戦争終結まで、和暦でいえば、明治・大正・昭和前期にまたがる八十年近い期間における、親鸞と日本（人）との関係を取り扱うということになる。この激動の期間において、浄土真宗の祖である親鸞は、人々とどのように切り結んだのか。

もとよりその全体像を描くことなどできない。誰しも時代を見通す神の視点をもつことは不可能だからである。そうである以上、私にできることは、自ら選んだ視角（パースペクティブ）から、親鸞が近代と切り結んだ断面を剔抉（てっけつ）し、これを描き出すことに限られるだろう。

信の覚醒

私の選んだ視角、それは、「信の再生」である。廃仏毀釈に始まる日本の近代は、まず維新政府の神道国教化政策による信教自由の圧迫があり、またキリスト教解禁による新しい信仰の到来があり、さらにヨーロッパ合理主義による仏教信仰の否定があり、何よりも仏教徒自身の自信の喪失がそこにあった。これらの諸事象は、これまで幕府の保護政策のもとで安逸の夢を貪ってきた仏教界をかつてない危機に陥れた。

その危機がもっとも深刻であったのは、親鸞を宗祖と仰ぐ真宗であった。かつては民衆の心の拠り所となり、権力とも対峙した真宗は、いまや近代文明に相応しくない「愚夫愚婦の宗教」と啓蒙思想家から蔑まれ、内部的には教権主義のなかに封建的呪縛から脱却できないまま停滞していた。

ただ、このような維新期の試練を経て、やがてかつてない危機的事態のなかで、親鸞の信に自らの生命の糧を見出し、枯渇した信に再び息を吹き込んだ諸先覚が現れた。その信の群像に私は目を見張る。

近代の期分

近代における信の諸相を、その一部でも点描すること、それが本書の狙いである。ただ、一口に近代といっても、その幅は広く、そこに現れた先覚者は少なくない。それゆえにいくつかの点に局限して叙述することを余儀なくされる。第一の局分は、近代を明治と大正の二期に限ることである。それは、昭和前期の諸問題が、明治・大正の延長としてあること、さらに昭和初期以降、イデオロギー問題、戦時教学問題など、別の論点が発生したことからである。第二の局分は、浄土真宗を、主として真宗大谷派（東本願寺）の場合において見ることである。それは、近代真宗教学をみる場合、清沢満之（きよざわまんし）に影響を受けた浩々洞（こうこうどう）系の人々の存在が、機関誌『精神界』（明治三十四―大正八年）とあいまって、大きいと考えるからである。第三の局分は、それぞれの先覚者の著述を具体例として挙げることである。それは、いくつかの著述が、時代を画する歴史的意義を担ったからである。

なお、近代を明治と大正の二期においてみた場合、その六十年の歴史の経過をどのように期分するかという問題がある。明治仏教の推移について、吉田久一は、

（1）維新仏教＝廃仏毀釈と仏教の覚醒

（2）明治中期仏教＝啓蒙仏教から近代仏教へ

（3）明治後期仏教＝近代仏教の形成

という三期に分けて見ている（『日本の近代社会と仏教』）。明治仏教の画期点を、この視点からみることはいかにも妥当である。もしこれに大正仏教を加えるとすれば、

（4）大正仏教＝近代仏教の成立

とでもいうことができるであろう。

では、近代の真宗の歴史的経過において、私たちはどのような画期点を見出

すことができるのだろうか。これを「信の再生」という視角からみた場合、

（1）維新期＝開国の衝撃と信の危機
（2）明治中期＝宗門の再建と信教の自由
（3）明治後期＝精神主義の唱道と信の覚醒
（4）大正期＝近代教学（新・親鸞主義）の成立と信の公開

という四つのエポックに局限してみることができるのではないだろうか。

末代としての近代

想えば、親鸞の仏教史観によるなら、近代といっても末代の相のなかにあるのであろう。親鸞は、

> 末代の道俗・近世の宗師、自性唯心に沈みて浄土の真証を貶す、定散の自心に迷いて金剛の真信に昏し。
> （『教行信証』信巻別序）

といっている。すなわち末法の世の出家者も在家者も、近年の各宗の祖師たちも、聖道門(しょうどうもん)の唯心論的な浄土観に沈んだり、あるいは浄土門の中にありながら、『観無量寿経』の定善(じょうぜん)（瞑想主義）・散善(さんぜん)（倫理主義）的な浄土観に迷ったりしていると指摘する。注意するべきは、ここで親鸞が、「末代」と「近世」を不離のものとして捉えていることである。この仏教史観は、私たちが、明治以降の「近代」仏教をみる場合にも妥当するであろう。

釈迦如来かくれましまして
　二千余年になりたまう
正像の二時はおわりにき
如来の遺弟悲泣(ゆいていひきゅう)せよ

（『正像末和讃』）

釈迦の遺徳がまだ生きていた正法時代でも、それに続く像法時代でもなく、仏教が衰退した末法時代が今なのだという。その親鸞の歴史認識は、近代を見ようとする私たちも忘れてはならない視点であろう。親鸞は、そういう中で本願に帰し、念仏もうすべきであると説いた。そして、滅後六百年の星霜を経て、廃仏毀釈という末法的情況下に幕開けし、『大集経』のいわゆる「闘諍堅固」さながらの修羅世界を現出した近代、末法史観を基底とする親鸞の教え（本願史観）の真実が先覚者たちによって確かめられたのである。

ともあれ、このようないくつかの基本的な確認を通して、以下の論述を進めていきたいと思う。なお、年号の表記については、現在、様々な論議がある。ただ、本書では、論述内容の性格上、西暦と和暦を併用した。

序章　近代の幕開けと親鸞

一　明治仏教の出発

I　転換期

危機のエポック

明治という時代は、日本にとって近代の出発期であったが、日本仏教にとっても新しい出発の時代であった。明治維新から、日清・日露戦争を経て大正期に至る時代は、近代社会の中で、伝統思想である仏教の試練の時代であった。もちろん因襲的な形では、仏教は残っていったが、一方では、近代の洗礼を受けて、どのようにしたらこの伝統思想が近代に生き残っていけるだろうかという試行錯誤が繰り返された。様々な形で仏教は歴史と関わり、歴史から問いかけられてきた。近代の開幕期の仏教の試行錯誤を現代という時点から振り返ってみるとき、私は、自らのありように、大きな問いを投げかけられているという想いを禁じえない。

〔近代は、日本にとって〕〈危機（Krisis）〉と称されるエポックである。そのエポックにおいて、崩れゆく古い規範と、将来へ向けての新たな実験的試みとの間に〈分岐線（Krisis）〉が敷かれる。それゆえ、少なからざる人びとがその危機に関する内省の時をもち、建設への提言を公表したのである。

（竹田純郎『モダンという時代』）

危機を通して、生命の回復をはかるということは、いつの時代でも起こることである。危機は、多く悲劇に終わるが、危機は、転機としての意味ももつ。危機を通して、新しい地平が開けるのである。近代は、まさに仏教にとって新紀元・新時代（epoch）を築いた画期として創造的な意味をもった。

第二の鎌倉

日本の中世の仏教を例とすれば、新しい仏教の流れは、危機のなかから興ってきたことが分かる。平安時代の仏教の頽廃状況、いわゆる末法のなかから逆にそれを梃子（てこ）として鎌倉時代の仏教が興ってきた。その仏教復興の先頭に立った人が法然上人であった。

明治の到来もまた仏教界にとって大きな危機であった。江戸時代の仏教保護政策の反動として、廃仏毀釈が行われたが、神道国教化政策のなかで、仏教は不遇な扱いを受けた。さらに外国からは西洋文明が流入し、仏教は、近代的な合理主義の精神に合わないと論難された。またアメリカを中心に入ってきたキリスト教は仏教を旧習として否定した。

こういう苦境のなかで仏教そのものの回復が、仏教者の側から図られるのであるが、その意味で、明治仏教は、鎌倉仏教と非常に似たような状況にあった。日本仏教の歴史には、いくつか大きな節目があるが、明治時代は、「第二の鎌倉」（安田理深）ともいうべき仏法興隆の転機であった。

仏教興起の三段階

明治時代とは一八六八（明治元）年から一九一二（明治四十五）年までの長い期間である。日本の歴史にとってそうであったように、日本の仏教にとって、その四十五年間は、単調な時間の経過であったのではなく、そこには大きな起伏があった。それは、現代の仏教史の専門家からみれば、様々に分析される。しかしそれは、その激動の中に生きた明治の仏教者にも目眩くような体験であった。私は、大内青巒の「明治仏教史話」とか島地大等の「明治宗教史」などを大変に興味深く読むのであるが、いま、明治時代の仏教の流れをどのように俯瞰するかということになると、清沢満之が「仏教の興起」（明治三十二年）と題して知恩院で行った講演によって眺めてみるのが当面有益であるように思う。

このなかで清沢は、事物の展開は、三段階においてみるのが適当であるといって、明治の歴史について三区分したあとで、「仏説に於けるも三段あり、我々が仏教に向うも三段あり、仏教興起も三段の階級あるものなり」という観点に立って、三段論法に基づき、明治仏教の歴史的展開について論じている。

大雑把に反復すれば、明治仏教の第一段の歴史は、廃仏毀釈によって仏教が自信を喪失した時代である。第二段の歴史は、ヨーロッパの哲学や理学（自然科学）によって、キリスト教を非難し、仏教のそれに較べて優秀なることを自覚した時代である。第三段は、「宗旨的の信仰」によって、仏教の真実の意味を見出し、興起せしめる今日の状況である。すなわち明治後期を信の覚醒期とする。清沢は、明治仏教の歴史的展開を、ヘーゲル流に弁証法で論じるのであるが、この三区分は、明治仏教を回顧する一つの目安となるであろう。

Ⅱ　廃仏毀釈

神仏判然令

「太平のねむりをさます上喜撰（蒸気船）、たった四杯で夜もねむれず」。そんな当時の庶民の落首が示すように、ペリーの来航を機に日本の歴史は大きく転回した。開国によって、西洋の科学文明、新しい文化が奔流のように日本に流れこみ、やがて禁制であったキリスト教が主としてアメリカから入ってきた。

このような西洋のインパクト（衝撃）に対して、維新政府は、天皇制を軸に民族の自立性を確保しようとした。宗教政策の面では、神仏判然令が布（し）かれ、天皇制のもとに、神道を国の宗教とし、仏教を排除しようとする神道国教化政策が現れた。明治元（慶応四、一八六八）年、神仏分離というもっともらしい名で廃仏毀釈が行われ、各地で暴動に近いような状態が引き起された。

排仏思想は江戸時代から強かったが、そこには、倫理主義的立場、政治経済的立場、科学的立場の三つがあるといわれる。倫理主義的立場の中心は林羅山らの朱子学者で、仏教は五倫五常を否定するという非難である。政治経済的立場は、中井竹山の『草茅危言』などにみえる考え方で、仏教の封建経済に及ぼす圧迫、僧侶の遊堕に対する非難などである。科学的立場は、仏教の輪廻転生説、あるいは仏教宇宙観としての須弥山説等への批判で、山片蟠桃その他に現れていた。これに幕末には復古神道の平田篤胤らの国粋主義が加わるが、このような排仏思想は、明治期に至って廃仏行動へと進む。

「三条の教則」

一八七二（明治五）年には、国家宗教として神道の国民への精神的浸透をはかって、敬神愛国、天理人道、皇上奉戴のスローガン、いわゆる「三条の教則」が発布され、その宣布の機関として、やがて大教院が設置され、教導者として僧侶が駆り出された。政府は、国民教化を、神道一色で行おうとしたが、やがてこれは、仏教の僧侶の助けを借りないわけにはいかなくなり、従来の神祇省を教部省に改め、僧侶を教導職として採用することにした。この教導職の養成のために設置されたのが大教院なのである。この役所は、浄土宗の大本山である東京・芝の増上寺に置かれた。増上寺の山門の前には鳥居が立てられ、本尊の阿弥陀如来は、倉の中に押し込められ、神道の神体である鏡を置き、造化の三神（天御中主神、高皇産霊神、神皇産霊神）と天照大神の四柱が祀られた。その結果、

八ツ橋の台には海のもの、山のもの、生々した魚もあれば、血の滴れる様な鳥もあり、勿論大根も菜葉もあるが、それを紫衣緋紋白の装束の坊サン達が、柏手を打つては順々に送つて居る。実に言ひ様もない可笑なものであつたのである。……終に坊主頭に烏帽子直垂の出立ちであつたなどといふ奇談もある。……こんな惨酷な滑稽なことは、かつて見聞したことがな

い。

（大内青巒「明治仏教史話」1）

というような珍妙な光景が出現した。肉食・妻帯・蓄髪が僧侶に許されたのもこの頃である。これらの一連の政策は、実質的に仏教を解体し、支配者のイデオロギーによって国民を牽引しようとする企てであった。

仏教教団は、これまで幕府の保護を受け、その代償に民衆支配の一翼を担ってきた。しかし人間の独立を究極課題とする仏教の根本精神からすれば、これは非本来的なあり方であった。維新の危機は、その精神を奉ずる仏教教団がどれほど自立できるか、試される試金石となった。

二　宗難の現起

Ⅰ　危機の顕在化

両堂の焼失

親鸞を宗祖と仰ぎ、その教えを伝承してきたのは真宗教団である。真宗は、幕末から明治にかけて、「宗難」ともいうべき危機に直面する。東西両本願寺の動向を一瞥（いちべつ）してみると、東本願寺は、近世の初頭に、本願寺教団から別立されたとき、徳川家康から京都の現在地の寄進を受け、のち、さらに家光から隣接地の追加を受けるなど、幕府から特別な恩顧があった。しかし幕末に至り、国全体か、佐幕か勤皇か、開国か攘夷かで揺れるなか、東本願寺は窮地に立たされることになる。一方、西本願寺は、教団の基盤に長州門末が大きな位置を占めたため、終始尊皇派と行動をともにした。長州侵攻に際しては、覚法寺鉄然が金剛隊を組織し、高杉晋作の奇兵隊傘下に属して幕軍を敗走させるなど、勤皇方への忠誠を誓っていた。しかし両本願寺とも、明治元年の神仏判然令を機に多くの末寺が、廃仏毀釈の暴動に曝され、政府の神道国教化政策のもとで、廃合寺や神祇崇拝を押しつけられてくる。

とりわけ東本願寺は、一七八八（天明八）年以来、明治までの八十年間に、四度も堂宇、ときには学寮、寺内町の大半までも火魔に奪われてきた（参照、『江戸時代の東本願寺造営』同朋大学仏教文化研究所）。その間に宗祖六百回忌（一八六一年）も勤修されたが、一八六四（元治元）年七月の禁門の変に際しては、長州勢が市街へ攻め入り、幕府方の京都守備軍と衝突する。その兵火の中で、東本願寺の両堂（御影堂・阿弥陀堂）は、仏光寺、市街地の二万八千余戸とともに烏有に帰した。以後、両堂の再建事業は、明治新政府への協調とともに、東本願寺宗門の主要な課題となってくる。

「強縁の教団」

このような政治的転換期に至り、宗門で強調されたのは、真宗護国論である。教団は、明治の廃仏毀釈とさまざまな宗難に対して排耶護国の旗を掲げて、天皇制国家との協調路線に立ったが、それは、仏教は国害であるという平田篤胤らにみられるような排仏論の興隆に対応している。真宗においては、とくに『仏説無量寿経』下巻の教説によって、仏教が王法護国、護国安民の道であると強く主張され、親鸞が皇室を尊崇したことを示すため、しばしば、

朝家の御ため国民のために、念仏をもうしあわせたまいそうらわば、めでとうそうろうべし。（『御消息集』広本・第七通）

という一節が引き合いに出された。近代の歴史学者である服部之総は、真宗教団は、覚如以来、国家を強力な助縁とし、また世俗権力を支える、「強縁の教

団」に頽落したと批判する（「いはゆる護国思想について」『親鸞ノート』）が、「朝家の御ため国民のため」という語を引き合いに出すことによって、その頽落の度合いは加速したといえよう。

明治初期、キリスト教（耶蘇教）排撃のために、真宗では護国思想が盛んに説かれた。その主張から、廃仏毀釈という宗難に対して、排耶護国の旗を掲げて、天皇制国家への忠誠が説かれていくことになる。

「強縁の教学」

そういう宗難に直面して、当時の教学（宗学）は、どのように対処しようとしたのだろうか。近世大谷派の学事機関の中心となったのは、高倉学寮である。ここでは、講師・嗣講・擬講の三講者が、宗学研究と宗門子弟の教育にあたり、また学寮の庶務全般を担当する職務に、上首・寮司が置かれた。その上首が記した執務日誌に『上首寮日記』（「真宗学事叢書」大谷大学真宗総合研究所）

がある。幕末（文政六年）から維新期（明治三年）にかけての学寮の動向が記され、歴史資料として、大変に興味深い。ただ宗難についての直接的記述はあまりみえない。したがってここでは、幕末から明治中期に学寮の指導僧の一人として護法のために活動した宗学者の福田義導（ぎどう）（威力院、一八〇五～一八八一）の場合を一瞥してみよう。

義導は、真宗を護る立場から、キリスト教を神道・儒教・仏教の共同の敵とし、

その正教とは神儒仏の三道なり。其の邪教とは耶蘇宗の教なり。

（『真宗王法為本談』）

あるいは、

神儒仏の三道は共に勧善懲悪の教にして、最も至誠至善の道なり。

（同）

と言う。さらに真宗は、その信心を徹底すれば外部から様々な難を蒙ることは必然であり、であればこそ、天皇あるいは将軍のこれまでの宗門に対する恩義を思って、宗難に対処することが大切であると強調する。

> 御一宗の僧分是まで天子より我御本山を勅賞あらせられ、将軍家よりも格別の御取扱仰せ出だされたる朝恩を念じ国恩を思うて、排仏家の外道を降伏し、仏神の加護を蒙り、天下泰平に治まるならば、天子将軍恐れながら歓喜の御眉を開きたまふべし。是をもて報恩の勤とすべし。
>
> （『御消息第二章甲子録』）

甲子の年は、一八六四（元治元）年である。一宗学者として、幕藩体制、あるいは天皇制のいずれを支持すべきか旗幟（きし）を鮮明にできなかった頃である。そんな中、この論には、近代真宗教団が過度に強調した国恩や天恩（朝恩）の主張とともに、お上（かみ）である天皇や将軍の愛顧を受けて教団の安泰を図ろうとする

立場が明瞭に現れている。その上で、

> 念仏行者は、我身のためはおもはず、朝家の御為め民百姓も亦穏かに一同に念仏申し（中略）かたじけなくも亀山院・伏見院両御代より勅願所の宣を被りて他に異なる在所なり。（同）

と、「朝家の御ため」（『御消息集』広本・第七通）の語を引き合いに出し、勅願所となるに至った宗門を誇り、門末が国家の路線に協調すべきことを勧める。「強縁の教団」（『親鸞ノート』）という服部之総の語例に倣えば、義導は、「強縁の教学」という立場を打ち出しているといえよう。そしてまた、義導のような主張が宗門全体の論調となっていったのである。

Ⅱ　起死回生への苦闘

真俗二諦論の登場

「強縁の教団」の道を歩む上において、教団イデオロギーとして、強力な役割を果たした思想（強縁の教学）は、真俗二諦論である。真俗二諦論は、中世の王法・仏法論から、近世末以来さらに展開した思想である。すなわち宗教的真理である真諦と世俗的真理である俗諦の両面を、あたかも車の両輪のように、信仰生活において重視するという二重真理説である。教団は、この説を立てることによって、真宗が世俗道徳を遵守する教えであるとし、門末が世法を守るべきことを勧めた。明治に入って、その具体的な内容として、教団が強調したのは、天皇の恩と仁義忠孝の道である。一八七五（明治八）年六月に、東本願寺の宗主厳如が出した「五箇条篇目の消息」には、二諦相依の教旨は、真宗の根幹であると表明されている。

> 夫宗教まちまちなりといへども、何れも如説に修行せん人は、その益むなしからず、なかんづく真宗の一流は、教を真俗の間に建て、（中略）天倫をまもり人道を履て、しかも来世の得脱を期する二諦相依の宗教なり。
> （「門主消息」）

ここには、一八七〇（明治三）年一月の大教宣布の詔、一八七二（明治五）年四月発布の「三条の教則」などの一連の維新政府の神道国教化政策に一面妥協しつつ、真宗の存立を国の中に図っていこうとする教団の苦肉の策があった（平田厚志『真宗思想史における「真俗二諦」論の展開』参照）。やがて真俗二諦は、「朝家の御ため国民のため」という『御消息集』（広本・第七通）の一節とワン・セットにして、事あるごとに喧伝されるようになり、学寮の講者は、あいついで護国扶宗論を世に問うことになる。名だたる学匠が競うように筆を執った。

宗名公称に向けて活躍し、また中国開教に献身した小栗栖香頂（一八三一～一九〇五）は、『北京護法論』を、また香樹院徳龍に師事し、宗学や仏教学を講じた樋口龍温（一八〇〇～一八八五）は、『闢邪護法策』を著わした。宗門の学事改革に貢献し、大学寮総監に就任した南条神興（一八一四～一八八七）、あるいは異義問題に取組み、晩年に自坊に学塾「春風社」を設けて子弟教育を行った楠潜龍（一八三四～一八九六）らも、護法護国を説いた。論者のなかには天皇制国家への協力、あるいは明治国家の忠良な臣民を真宗教団の意志として育成すべきことを、真俗二諦論に基づいて積極的に説く者も現れた。

護法一揆の頻発

維新政府は、各地で廃寺合寺を断行し、佐渡、信州松本、伊勢、土佐、富山、讃岐の多度津、隠岐など、廃仏方針を明らかにする藩が続出し、これに抵抗する仏教者を弾圧した。これが廃仏毀釈の嵐となって、全国に吹き荒れた。

これに対して、仏教の各教団は、護法を主張することによって危機的な状況を打開しようとした。とりわけその危機を深く受け止めたのは浄土真宗である。浄土真宗の阿弥陀一仏帰依の信仰は、「三条の教則」によって、神道を強制する政府の宗教政策に反対することにもなった。東本願寺では、一八六八（明治元）年七月、高倉の学寮に護法場（ごほうじょう）が付設される。しかし護法の直接行動によって殉教の血も流されることになった。

ここで、真宗門徒の護法一揆を二例紹介しよう。

一八七一（明治四）年には、三河大浜の騒動があった。菊間藩に赴任した官吏の服部純は、排仏（寺院廃合）を意図し、僧侶に国体つまり天皇中心の国家形態の宣伝をさせ、天拝日拝を教えるように求めたが、高倉の護法場で学んだ人々のうち、大浜に三河護法会を設立し運営にあたった石川台嶺（たいれい）は、この服部の行政に反対し、またこれに加担した真宗僧侶を批判した。これに賛同した多くの農民たちは、護法会に同調し、竹槍をもって武装し、決起して、藩兵と衝突した。これによって数百人が捕らえられ、その他処罰されるものが多く出

三河大浜騒動・蓮成寺鐘楼群集
（愛知県・聖運寺蔵）『史料大浜騒動』（法藏館）

た。結果、反対者たちは、朝廷不敬の罪に問われ、この抵抗の先頭に立った台嶺は斬罪に処せられた。しかしこの抵抗によって、排仏は食い止められた。この闘いは、今日なお、三河地方の真宗寺院で、献身的な護法運動の発露として伝承されている。

一八七三（明治六）年には、越前で騒動があった。石丸八郎という教部省の教導が、「三条教則」の徹底、寺院廃合、神道興隆論を主張した。これが真宗門徒を刺激し、彼らは竹槍・むしろ旗を立てて抗議した。これが大規模な一揆へと広がっていき、やがて兵隊が出動して鎮圧された。なかでも、越前大野では、僧侶たちが廃寺合寺などの政府の諸政策に反対したが、これに主導された真宗門徒たちは「護法連判」を行い、これを禁圧しようとした官憲に、竹槍などで武装する。この大一揆の結果、金森顕順（かなもりけんじゅん）など、六名が処刑されるにいたった。いわゆる大野一揆である。

この他、真宗の強い北陸やそれ以外の土地で、排仏に対する抵抗運動が展開した。

闡彰院空覚の死

さきの菊間藩事件では、高倉の護法場の総監・闡彰院空覚（せんしょういんくうかく）がその処理に当たった。空覚は、かねて維新政府の廃寺合寺に反対し、排耶護国を主張したが、一八七一（明治四）年何者かに暗殺された。空覚の護法の努力とその苦難

について、三河地方出身の佐々木月樵（げっしょう）は、

明治の初年頃は、〔高倉学寮〕学内では外書の繙読（はんどく）は厳禁せられて居たので、殉教者闡彰院の如きは学外に護法場を建てて、専ら外国思想の輸入につとめたのである。我図書館にはその時のバイブルや、天路歴程やその他師の手沢本を蔵し、師の寺には、今もなお建白書に殉教の血の鮮かに附着し居るのを見ることである。近くは我々は図書館の廊下にある所の、師が往復に当（まさ）に使用した蓑を見てもその苦労の一端を偲ぶことが出来る。

（「大谷大学樹立の精神」）

と振り返っている。これに象徴される護法と殉教を軸として、近代の真宗は幕を開けたのである。

時代の証言

幕末から明治にかけての激動期、真宗そして教団がどのような苦難に直面し、またそれにどのように対処してきたかを通観することは容易ではないが、法主職（現行の宗憲下においては「門首」）にあった視点から、これが記録されている貴重な資料として、『厳如上人御一代記』（「真宗学事叢書」大谷大学真宗総合研究所）が注意される。厳如（一八一七～一八九四、大谷光勝）は、東本願寺二十一世で、本書は、その在職期間の一八四六（弘化三）年五月二十二日から一八八九（明治二十二）年十月七日に至るまでの宗門の記録十冊とその逸事録・献金表などを記した附録一冊からなる歴史資料である。

いま、二、三、その記録の中からエピソードを拾ってみよう。

幕府に恩顧のあった宗門は、維新の世になった一八六八（明治元）年には、

明治元年正月五口　御沙汰により両門主朝廷へ誓書を上せらる。（中略）

朝廷遵奉の儀　光勝、光瑩を始め門末一統更に異心無之候。徳川家由緒の儀は軽く、天恩の儀は重く候辺、決而心得違申間敷候。尓る上は如何体の御用をも拝承仕度、此段宜敷御執奉願上候。

厳如上人

と早速誓書を朝廷に提出している。以後の宗門の天皇制国家への従属という意味からすると、この言葉の持つ歴史的重みを考え合わされる（木場明志「真宗学事叢書」7解説）。

維新政府からの要求は様々であったが、多額の献金の他、北海道開拓事業を命ぜられている。

明治二年九月六日　北海道新道切立の儀、太政官より被仰付。

「献金表」によると、北海道開拓に要した費用は、明治二年から四年の間に合計二十五万余両であったという。これ以降も新政府への献納は続いていくが、「真宗」を宗名として名のることの許可と大師号（だいしごう）の追贈は、その見返りともいうべきものであろう。真宗公称の許可については、

明治五年三月廿日　宗名の儀、自今真宗と称すべき旨、京都府より伝達せらる。左の如し。一向宗名の儀、自今真宗と可称旨、両本願寺・仏光寺・興正寺等へ可相達事。（中略）壬申三月　京都府。

と記されている。「真宗」の公称について、安永年間から天明年間にわたって、浄土宗との間に宗名論争があり、幕府は、従前通り、真宗は「一向宗」を用いるべきと沙汰したが、浄土宗と政治権力の関係が絶たれた維新の局面を迎え、

悲願であった浄土真宗の名称を公に名のることが許可されたのである。

また大師号の追贈については、

明治九年十一月廿八日　祖師聖人　大師号御宣下。〔見真大師〕

と伝えている。大師号とは、朝廷から学徳の秀でた僧に与えられる諡号で、日本では、平安時代に、清和天皇が、天台宗の最澄に伝教大師、円仁に慈覚大師の号を下賜したのを嚆矢とする。見真の号は、「慧眼見真」（『仏説無量寿経』下巻）に拠る。いかにも親鸞の仏教者としての姿を示すにふさわしい号であるが、後鳥羽院から流罪に処せられ、生涯無位無冠を本領とした宗祖が諡号を追贈された事実には、歴史の皮肉を想わざるをえない。

これらの宗門の諸事蹟は、現代の視点からみれば批判されるべき処が多々あるといえようが、ただ、宗門の存続自体すら危ぶまれた当時にあっては、先達たちによる起死回生への苦闘であったとみることができる。

三　宗門の維新

Ⅰ　明治政府の宗教政策と「信教の自由」

維新の衝撃

新しい時代に対応して、東本願寺高倉学寮の付属施設として、護法場が設立されたことをさきに述べた。その「規定」によれば護法場は、排仏思想の根幹をなす、国学・儒学・天文、さらにキリスト教を考究する学事施設であった。維新期の各教団は、護法護国、キリスト教破邪、僧弊一洗（そうへいいっせん）などを謳（うた）い、さらに教学振興や民衆教化のために諸方策をとった。

そんな状況下、宗門維新を願って指導的な役割を果たした各宗の心ある仏教者の存在も忘れることができない。浄土宗の福田行誡（ぎょうかい）は、戒律の復興によって仏教徒の覚醒と法の興隆を図ろうとした。真言宗の釈雲照は、自省自責の念を吐露して、宗門の新たな発足をよびかけた。

開国の衝撃は、仏教教団に西洋への眼を開かせることにもなった。東西本願寺は、海外への渡航や留学を進めることになる。西本願寺では、岩倉大使一行の随行として、梅上沢融（うめがみたくゆう）、島地黙雷（しまじもくらい）らを派遣することになり、明治五年から六年にかけて欧米やインドなどをまわって帰国した。東本願寺では、新門（法嗣）現如（げんにょ）が石川舜台らを従え、西本願寺の一行と相前後しながら西欧諸国を歴訪し、近代社会における宗教のあり方に関するもろもろの新知識を吸収して、仏教の新しい時代をきりひらく端緒を探った。

島地黙雷の信教自由運動

維新期、神道国教化の動きのなかで、一八七〇（明治三）年に大教宣布の詔とともに、大教院が設立され、僧侶も教導職に登用されたが、自宗の教義を宣説することは認められなかった。各宗の教団人が不満を抱いたのは当然であった。政府による統制政策に反対する仏教側のヘゲモニーを取ったのは真宗であった。とくに西本願寺の島地黙雷（一八三八～一九一一）が果たした役割は大きかった。島地は、明治四年には、政府の仏教弾圧政策に抗議し、おもに東京で奔走した。明治五年、西本願寺の連枝（れんし）（門主の親族）に随行して、ヨーロッパに渡り、日本の僧として初めて西洋の宗教事情を視察し、信教の自由が近代国家の条件であることを見聞した。明治政府の神道国教化政策が具体化し、「三条の教則」発布と大教院開設を知るや、島地は、パリから政府に「三条教則批判建白書」を送り、明治政府の宗教政策を烈しく批判し、政教分離を要求した。

島地黙雷（岩手県・願教寺蔵『島地黙雷全集』第2巻、本願寺出版協会）

政教の異なる固（もと）より混淆（こんこう）すべからず。政（まつりごと）は人事也。形を制するのみ。而（しか）して邦域を局（かぎ）れる也。教は神為也、心を制す。而（すなわち）万国に通ずる也。

この建白書の中心点は、政治と宗教との混同すべからざることを説いて、政府の宗教政策が信教の自由を抑圧することを憂える点にあった。政治はそれぞれの国家に独自な制度の問題であり、宗教は万国に共通の人類普遍の精神の問題である。この政教分離の思想が、黙雷の主張の根本であった。このように黙雷は、明治政府の祭政一致の宗教政策に批判を加え、そして帰国するや、真宗四派を連ねて大教院脱退運動を起こし、一八七五（明治八）年ついに脱退を実現させた。

政治に対する宗教の独立を説き、体制に抵抗した島地の行動は、「信仰にもとづいた自立する精神」（『島地黙雷全集』月報「刊行の言葉」より）を仏教徒の前に強く示すことになった。

「国家神道」体制への道

明治政府による神道国教化政策の中で、信教の自由は、島地らの主張によって、近代国家が成立する基本的な条件であることが確認された。しかしながら明治政府は、国民の信教の自由を許容するという、文明国共通の論理をある程度認めながら、天皇統治の永続権を説く国体論を基本とし、これに則って祭祀を行う神道（神社）を、非宗教と位置づけ、国家的支援を行った。いわゆる「国家神道」は、近代の日本を西欧列強に伍する国家に作り上げるという強力なナショナリズムを背景に創出され、太平洋戦争後、GHQ指令により国家の護持を失効するまでの間、軍国主義の思想的支柱とされた。それは、為政者が国民を精神的に訓導するために造りあげた、独自の宗教的形態であった。

この国家神道の中心的な神社として位置づけられたのが靖国神社である。靖国神社の前身は、一八六八（慶応四）年、幕府軍との内戦によって殉難した官軍犠牲者を祀るために、京都の東山に創設された招魂社（しょうこんしゃ）で、戦乱で非業の死を遂げた官軍の兵士の霊を祀るために創設されたものである。その思想的根拠の源流は、平田篤胤らの国学＝復古神道に求められよう。招魂社でいう招魂の字源は、「①死者の魂を呼び返す。昔、人が死ぬと、屋根に上がり、北方に向かって死者の衣を振り、三度その名を呼んで魂を招き返そうとした。たまよばい。②生者の魂を呼び返す。心配ごとなどのため抜け出した魂を呼びもどして、元気をよみがえらせること」（『新漢和字典』）の前者の義にあたると考えられる。

維新前後から多くの藩では、怨霊や死霊を鎮める鎮魂・慰霊のために、古来の御霊信仰に基づいて、殉難者の霊を祭る招魂場・招魂社が建てられたが、内戦終了後、一八六九（明治二）年、これらの祭（斎）殿は、東京九段に創建された東京招魂社に統一され、官軍側戦死者の功績を顕彰し、慰霊することをその目的とした。とくに一八七七（明治十）年の西南戦争のあと、多くの戦死者（政府側で、六六六五名という）が出たことを踏まえて、一八七九（明治十二）年、東京招魂社は、靖国神社と改称され、国の保護・管理を受けた官祭招魂社の中でも、唯一の別格官幣社の社格が与えられた。

真宗教学者の和田稠（しげし）は、靖国神社への改称にともなって、従来の招魂社における個々の戦死者の霊は、⑴「集団的な神」となり、⑵個人の信仰を無視して、「国家の神」となり、⑶国家神道の先兵的役割を担う「軍国の神」となり、以後、国家による戦争の継続・拡大とともに、⑷「国民の神」・「新習俗の神」となる、というようにその性格をさらに一変させていったという（『信の回復』）。この祭神の変化は、従来の官軍・賊軍対立の中での官軍の死者の顕彰という位置づけから、その官軍の外延を拡大し、靖国神社の基盤を「国民」的なものに拡張させる契機になった。従来の国内の賊軍は、日本の外の敵軍に変わったのである（参照、赤澤史朗『靖国神社』）。

このように靖国神社は、戦争に斃（たお）れた兵士を殉国の祭神として祀る神社として、国家神道の特異性をもっとも極端なかたちで具現した。私たちは、国家神道が、⑴古来の神社神道や教派神道とは著しく性格が異なる、⑵怨親（おんしん）平等を説く仏教の普遍主義（たとえば、文永・弘安の役の蒙古軍撃退ののちに敵味方の霊を弔った。また島原の乱のあとで敵〔＝切支丹〕味方の霊を弔ったという）とは相容れない、(3)国民を精神的に牽引するという政治目的のために創始された擬似宗教であり、(4)以後の日本の排外的な民族主義を推進する強力なイデオロギーとして機能し、そして(5)国民一人ひとりの信教の自由を圧迫した――ということを、改めて心に銘じておかなければならない。

Ⅱ　新時代への対応

パラダイム・シフト

開国に始まる西欧の衝撃は、一方で、列強に対する反撥から、国粋的なものの考え方を強め、仏教を含めて、外来思想や文化、宗教に対する排外主義を助長した。しかし他方では、旧来の物の考え方に馴染んできた日本人に、思考の枠組みの転換、いわゆるパラダイム・シフトをもたらすことになった。この変換は、旧時代の思考の枠組みの喪失（パラダイム・ロスト）に呼応する。それが顕著になってきたのが明治中期に入ってからである。

一八八三（明治十六）年、イギリス人のコンドルの設計で、東京に鹿鳴館が完成する。外務卿の井上馨は、その欧化政策の一環として、外国人を迎えて、園遊会や舞踏会を催した。このような時代の流れは、真宗の学者にも、素朴な攘夷思想を越えて、普遍的な場で学問や思想を展開する契機となった。東本願寺の場合、南条文雄、吉谷覚寿、村上専精といった人々が、それぞれ派内教学の枢要な役職を与えられ、井上円了、徳永（清沢）満之、稲葉昌丸、月見覚了、近角常観らが修学を終え、第一線に登場してくる。それが明治二十年前後である。これらの先人は、それぞれの形で、新しい文化圏に親鸞の信心を語りかける思考の枠組みを模索した人々として記憶される。

『宗門之維新』を著わした日蓮宗の田中智学は、その序論で、「それ本化の妙宗は宗門のための宗門にあらずして、天下国家のための宗門なり」と叫んだが、宗門を越えて宗祖の教えを伝えようとする努力は、明治中期以降の真宗の教学者にも大切な課題となった。そしてここに真宗における「宗門の維新」ともいうべき事態が興起してきたのである。

南条文雄と新しい仏教学の導入

とくに、従来の宗学の枠を超える近代的な仏教学は、これから後めざましい展開を遂げることになった。一八七六（明治九）年、南条文雄は、三歳年上の笠原研寿（けんじゅ）とともに東本願寺の留学生としてロンドンに渡り、三カ年英語を学び、ついでオックスフォード大学で、フリードリヒ・マックス・ミュラー（Friedrich Max Müller 一八二三〜一九〇〇）に師事した。ミュラーは、ヨーロッパの学界では、言語学者、また比較宗教学者として名が知られていた。二人は、ミュラーから梵語（ぼんご）学などを学んだ。ミュラーは、やがて『無量寿経』（Sukhāvatī-vyūha-sūtra）をロンドンのアジア協会から借り出して、彼らに示した。二人は梵文『無量寿経』を借り受けて、昼夜兼行で寝食を忘れて、一週間ほどでこれを写し取ったという（南条『懐旧録』）。笠原は早く病没したが、二十八歳の南条は明治十七年に帰国、原典による仏教研究の新しい方法を日本に招来し、樹立するにいたった。『梵文無量寿経』、『梵文法華経』、『梵文入楞伽経』などの校訂・翻訳を始めとする仕事は、精密な原典研究であり、わが国の仏教学の方法論の基礎を築くものであった。また一八八三年、オックスフォードで出版された梵漢仏典を対照した『大明三蔵聖教目録』（南条カタログ）は、漢訳大蔵経を学ぶ欧米人の唯一の指針となった。同時に非常な苦労を経て、『梵文無量寿経』の五部の古写本を校訂して刊行し、これが「マックス・ミュラー＝南条本」と呼ばれて、世界で初めての『梵文無量寿経』が出版されたのである。

井上円了と村上専精

こういうような模索状況のなかから、明治二十年代に入るとようやく新しい展望を開こうとする動きが出てきた。西洋の思想をいそいで吸収する時期を終えて、そのうえで東洋の文化や仏教の思想の特質・長所などを自覚しはじめる。この時期は、清沢が「仏教の興起」でいった第二段階にあたる。井上円了（一八五八～一九一九）は、東洋大学の創立者として有名である。その前身は、明治二十年に立てた哲学館である。井上は、東本願寺派遣の留学生として、東京帝国大学文科大学哲学科に学び、卒業すると同時に、当時の雑誌『明教新誌』に、キリスト教思想を研究・批判した成果をつぎつぎに発表していった。『真理金針』（明治十九年）と『仏教活論』（明治二十年）は、その成果を集成したものである。『真理金針』は、破邪顕正、キリスト教批判を基調とした書で、キリスト教が欧化主義と進歩主義を標榜したのに対して、仏教の国粋主義・日本主義の立場を明らかにして対抗した。その真理を求めようとする動機について、彼け「国を護り、真理を愛する」（護国愛理）と宣言している。これは、たんにキリスト教を攻撃したものではなく、仏教の合理性を明らかにして、凋落のなかにある仏教徒の覚醒と奮起を促したものである。彼は続いて、『仏教活論』を著わし、仏教の哲理を愛する「愛理」こそ、国民共通の関心である「護国」の働きをなすと説いた。本書もまた『真理金針』と同旨の立場を明らかにしているが、これは、当時幅広い読者を獲得した書である。おそらく日本の仏教徒の多くが、本書によって哲学としての仏教の価値に瞠目（どうもく）し、自信をもったことであろう。本書は、西洋哲学を援用して、華厳や天台の哲学を平易に解説し、仏教をして真に仏教たるべきものに活かしめるということから「活論」と題されるのである。

井上円了（東洋大学井上円了記念学術センター蔵）

井上のこういう努力に応答し

村上専精
（学校法人東洋女子学園蔵）

て、仏教者の側からでてきた著作の一つが、村上専精（一八五一〜一九二八）が著わした『日本仏教一貫論』（明治二十三年）である。村上は、本書で、「仏教は哲学にして又宗教なるものなり」といい、諸宗諸派に分かれた仏教について、その全体を一貫している真理を、十条の要項にまとめて平易に論述した。この観点をさらに押し進めて著わされたのが『仏教統一論』（明治三十四年―未完）である。本書において、村上は、いわゆる大乗非仏説論を公表して、大乗思想は、釈迦の覚りの内容を、後世の人間が敷衍したところの、「開発的仏教」であるとし、一宗一派を越えた統一的仏教原理を究明しようとした。「仏教は如何に分裂し、如何に衝突するも、また融和すべきものなることを知る。余は之を知ると共に、大いに仏教各宗の合同を企図するものなり」（『仏教統一論』）という。ここには宗派を越えて、仏教の真理を明らかにしようとする試みがあった。しかし彼の説は、当時、仏教界や世間から厳しい批判を浴び、村上は、大谷派の僧籍を一時返還することを余儀なくされた。

開教活動のはじまりとその先達

ところで明治以後、宗門の当時の事業としてとくに注意されるのは、北海道開教である。徳川家とつながりの強かった東本願寺は、新政府にたいして誠意を示す必要があり、政府の意向に応じて、一八六九（明治二）年、北海道開拓を出願し、若い法嗣現如を遣わした。そして開拓の目標として、「新道切開」、「移民奨励」、「教化普及」の三項目をかかげ、まず街道の開削を行った。その結果、東本願寺の教線が次第に拡大していった。ただ、北海道開拓は、先住民族であるアイヌの人々との係わりについては問題を残し、近年、検証作業が始められている（参照、「教団近代史の見直しに向けて」『身同』21号、真宗大谷派同和推進本部）。

同時に注意されるのは、親鸞思想の海外での布教、在地居留者の追教を目指して、真宗各派が、開教活動に着手したことである。その一端を、各国に窺ってみよう。

（1）中国・台湾開教。大谷派は、一八七四（明治七）年、小栗栖香頂（おぐるすこうちょう）を上海に派遣し、その地に別院を建てた。本願寺派は、日露戦争後、大連に別院を建てた。また、日清戦争後に台湾は、日本に領有されるが、本願寺派も大谷派も台北に別院を建立した（参照、木場明志ほか編『アジアの開教と教育』、木場・程舒偉編『植民地期満州の宗教』）。

（2）朝鮮開教。大谷派は、一八七七（明治十）年、奥村円心（えんしん）を釜山に遣わし、別院を創建し、本願寺派は、一八九八（明治三十一）年、中山唯然を釜山に駐在させ、開教の緒についた（参照、東本願寺編『教団のあゆみ』）。

（3）ロシア・樺太開教。本願寺派は、一八八六（明治十九）年、西シベリア開教に着手し、太田覚眠を駐在させた（参照、松本郁子『太田覚眠と日露交流』）。一九〇五（明治三十八）年、樺太南部が日本に領有されると、本願寺派は、大谷尊由を開教総監として、別院を建立し、大谷派も別院を建立して教線拡張に乗り出した。

（4）北米・ハワイ開教。一八九九（明治三十二）年、本願寺派は、薗田宗恵・西田覚了の二人を米国に派遣し、各地で、移民した日系の人々を中心に開教・追教活動を展開し、大谷派もロサンゼルスに別院を設置した。ハワイでは、一八八九（明治二十二）年、本願寺派の曜日蒼龍が開教に従事し、今村恵猛が後を継ぎ、教線を拡張した（参照、守屋友江『アメリカ仏教の誕生』）。

（5）南米開教。南米では、一九〇八（明治四十一）年、日本からの移民が渡り、やがてブラジルを中心に開教活動が開始された（参照、リカルド・ゴンサルベス［英文］「大谷派の南米開教とブラジル仏教への貢献」『ザ・イースタン・ブッディスト』40号合併号）。

第一章　「親鸞の名を担う教団」を求めて

一　清沢満之

Ⅰ　改革への狼煙（のろし）

開明的仏教思想家

島地黙雷（しまじもくらい）の政教分離運動より十五年ほどあと、やはり教団の自立を求めて闘い、やがて人間そのものの自立を時代に訴えた人が清沢（きよざわ）（徳永）満之（まんし）（一八六三～一九〇三）である。清沢は、明治に生きた開明的な仏教思想家である。東洋の精神的伝統である仏教を、不条理な現実のただなかに落在した自己の「生」の基盤として烈しく求め、身をもって証した人である。彼の遺した仕事は、しばしばキリスト教界における内村鑑三（かんぞう）（一八六一～一九三〇）のそれと比較される。だが内村が非戦論や無教会主義、あるいは辛辣（しんらつ）な社会評論によって、宗教界の枠をこえて世間に広くその名を知られたのに較べれば、清沢の活動は、主に宗門内にとどまり、かつ夭折したこともあり、その名はあまり世間に知られることはなかった。

しかし彼が宗門の枠を破り、哲学を土台として仏教の真理性を追求し、その確信から、精神主義の名のもと、欧化思想や物質主義に流れ、精神的空虚に陥った同時代人に、精神性＝宗教性の回復を訴えた意義は大きい。清沢は、一方の脚を宗門の内側に、他方の脚を宗門の外側に置いた「一種のマージナル・マン」（脇本平也）つまり境界的人間であり、仏教と近代の溝に架橋した「架け橋の建立者」（ギルバート・ジョンストン）であった。その生涯は四十一歳と短かったが、彗星のように出現した彼の光芒は、精神史の上に今もってその尾を引いている。

教団への捨身

清沢の出自は、旧尾張藩の下級士族である。その彼が真宗大谷派の僧籍をもつことになったのは、ひとえにその向学心のためであった。貧家に生まれた満之の才能を惜しんだある住職が、当時開設された東本願寺の育英教校に入学させ、学問の道に就かせたのである。成績抜群の彼は、やがて東京大学、さらに大学院に進学した。在学中は、フェノロサ（Ernest Francisco Fenollosa 一八五三〜一九〇八）などのもとで西洋哲学を学び、卒業後は第一高等学校や哲学館で教鞭をとった。学者としての清沢の将来は約束されていた。しかし東本願寺の要請を受けるや、彼は決然とその地位を捨てて京都へ帰り、京都府立尋常中学校の校長として赴任した。恩義を重んずる、いかにも武士の出らしい彼の行動であった。以来、彼は、終生その身を宗門に捧げることになる。

当時の東本願寺は、幕末の戦乱で焼失した御影堂（ごえいどう）と阿弥陀堂の再建もなり、「親鸞の名を担う教団」（ジェラルド・クック）として、いよいよ宗門本来の事業に取り組むべき大事な出発点に立っていた。しかし現実には、人々の期待に応えるどころか不祥事が相次ぎ、世間からは伏魔殿と笑われる始末であった。この宗門の現実を直視した清沢は、教団の再生は、教学にあり、さらに教育にありと考え、当時「執事」（現在の宗務総長）であった渥美契縁（あつみかいえん）らの宗門当事者に迫って、新しい学事体制を発足させ、新時代に応えんとした。しかしその提案

若き日の清沢満之（明治25年）
（愛知県・西方寺蔵）

は、当事者に受け入れられることはなく、その路線はやがて宗門の圧力で頓挫する。一方、中学校校長着任を機に桑門(そうもん)の身となった清沢は、やがてフロック・コートを脱ぎ捨て、黒衣墨袈裟(こくえすみげさ)に身をつつんで「最低限可能の生活」(ミニマム・ポシブル minimum possible)を実践する。とりわけ一八九一(明治二十四)年十月に母タキが没してからは、禁欲生活は一層烈しくなり、菜食主義を貫き、塩を断ち、煮炊きをやめ、蕎麦(そば)粉を水でとかして食い、松脂(まつやに)をなめて過ごすというところまで徹底した。これは彼の出家の決意のほどを示す具体的行動であった。この峻烈な禁欲生活は五年ほど続いた。

Ⅱ　哲学者として

『宗教哲学骸骨』

すでに触れたように、清沢は、東京大学で西洋哲学を専攻し、東京では、井上円了（えんりょう）らとともに『哲学会雑誌』の編集にあたり、京都府立尋常中学校に校長として赴任した折にも、高倉学寮（たかくらがくりょう）で西洋哲学史を講ずるなど、自らの学びを生涯にわたって深めていった。

一八九二（明治二十五）年には、友人の勧めに応じ、宗教哲学の講義をまとめて『宗教哲学骸骨（がいこつ）』を著わす。本書は彼の処女出版であるが、骸骨といわれるように宗教哲学の骨組みのみを書きとめたわずか百頁の小著である。この書はたんに宗教哲学を概説したものではない。この頃は、例のミニマム・ポシブルの実験の真最中である。本書の理論的追究の裏には、厳しい実験が並行して

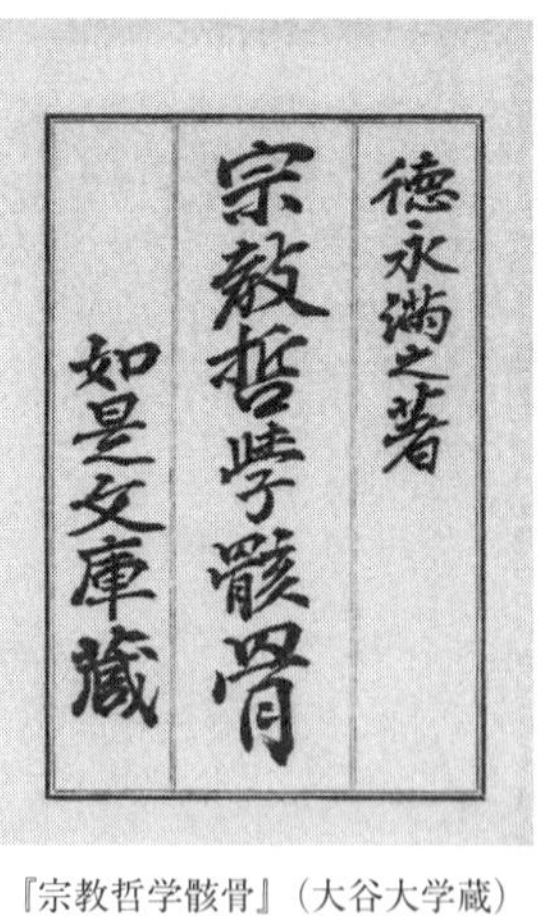

『宗教哲学骸骨』（大谷大学蔵）

いた。全体は、「宗教と学問」、「有限と無限」、「霊魂論」、「転化論」、「善悪論」、「安心修徳」の六章から成る。論述の方法としては、有限・無限を根本基想とし、ヘーゲルの哲学を媒介として仏教を論理的に追究している。

従来、宗教哲学は、真正な信仰をもつ者（キリスト教徒）、神への誤った信仰をもつ者（イスラム教徒とユダヤ教徒）、神を知らず、代替物を拝む者（異教徒）という主旨の区分に立ち、まともに宗教と呼べるのはキリスト教のみであるとの観点から、キリスト教を土台として組織されてきたが、本書は、仏教に基づいて、主体的な実験の精神により宗教哲学を組み立て直している。たとえば、仏教の実相論をベースに有機的な実在論を展開したり、因・縁・果の思想によってヘーゲルの正・反・合の弁証法を批判するなど、清沢の仏教者としての態度が貫かれている。この独自の宗教哲学の形成によって、清沢は、「日本最初の宗教哲学者」といわれる。それは、日本近代思想史においては、『宗教哲学』『宗教哲学序論』『時と永遠』の「三部作」で知られる波多野精一の宗教哲学に対置されるべき価値を有する。

近代に入って間もないこの頃、このような明快な立場から仏教が世界思想のレベルで考察されていたことは注目に値しよう。一八九三年、シカゴ万国博覧会の世界宗教会議には、本書が英訳されて、出席者の間に評判を呼んだ。近代日本を代表する哲学者の西田幾多郎は、日本の哲学者として清沢を大西祝(はじめ)とともに尊敬し、本書を『京都大学新聞』で推薦したといわれる。

新しい信仰理解

『宗教哲学骸骨』は、論述の特質としては、宗教を生きるとはどういうことであるかという主体的関心が底流しているが、方法としては、有限・無限という

概念を基底としている。清沢によれば、

> 宗教の要は此の〔主伴互具の〕関係を覚了せしむるにあり。是れ有限の無限に対向する所以なり。
>
> （『宗教哲学骸骨』第二章「有限無限」）

といわれる。西洋人の宗教定義を尋ねるうちに、おそらく英語のコレスポンデンス（correspondence）を受けとめる過程で、腑に落ちる訳語が見出せず、ひとまず「対向」という語を当てたのであろう。これは、現代語では、対応に相当する。この対向、すなわち対応の思想は、その絶筆「我が信念」に至るまで、清沢の信仰観の根本基想として、生涯一貫している。この対応の思想は、やがて曾我量深（そがりょうじん）において「感応」の語で、金子大榮（かねこだいえい）において「呼応」の語で確認されていく。

いずれにしても、この有限と無限の対応は、ひとりの宗教哲学者としての基本的な信仰理解を示すものである。と同時に、注意されるのは、若し道理と信仰と違背することあらば寧ろ信仰を棄てて道理を取るべきなり。

（同、第一章「宗教と学問」）

と説かれていることである。ここには、若き清沢の理性主義的な態度がうかがわれる。

「余の三部経」

ミニマム・ポシブルの実験は峻烈を極めたが、その無理がたたって、清沢は一八九四（明治二十七）年、結核と診断され、失意のうちに三河大浜（現、碧南市）の自坊・西方寺に帰る。三十二歳であった。

この時期、清沢が「余の三部経」と呼んで親しんだ書物が、『阿含経』『エピクテタス語録』『歎異抄』である。釈尊の言行録である『阿含経』は、日本の仏教では長く小乗として貶められてきたのであるが、清沢はこれを重く取りあげ、「東洋第一の書」と呼んで、本経から釈尊の出家修道の精神、さらにこれを通して親鸞の説く「真の仏弟子」の意義を問うた。のちに清沢は、

> 余が『阿含』を読誦して特に感の深かりしは喀血襲来の病床にありしが為か、然らば教法の妙味に達せんとせば、生死巌頭(しょうじがんとう)の観に住すること尤も必要たるを知るべし。（「転迷開悟録」）

と述懐している。これは必ずしも阿含読誦の場合に限らない。清沢は、仏教をつねに生死の巌頭に立つ現実のただ中に学びとったのである。

清沢が親友沢柳政太郎(さわやなぎまさたろう)の書架に見つけた『エピクテタス語録』は、奴隷の身で心の自由に生きた古代ローマの哲人エピクテートスの教訓書で、清沢は、この書に自由（如意なるもの）と分限（不如意なるもの）ということを学び、これを「西洋第一の書」と呼んだ。

また親鸞の言行録である『歎異抄』は、徳川時代の宗門では、あたかも「禁

断の書」のごとく扱われ、人々の目から遠い存在であったが、清沢はすでに学生時代からこの鈔に親しみ、これによって他力の信仰の核心に触れ、「安心第一の書」と呼んだ。現在の『歎異抄』普及の源泉に清沢による本書の再発見があったことは注意される。『歎異抄』は、長いあいだ蓮如上人の『御文(おふみ)』の陰に隠れ、人々の信仰からへだたっていたのであるが、清沢は病気による痛切な自力無効の体験とともに、本書によって親鸞の説く他力の教えに頷(うなず)いたのである。

当時の彼の文には深い実存的な問いかけがみえる。清沢にとって仏教は、自身内奥の生命的要求に応えるものでなければならなかった。

自己回復の道

清沢は、この頃、日記の中で次のように自問している。

自己とは何ぞや。是れ人世の根本的問題なり。

（『臘扇記』明治三十一年十月二十四日）

めまぐるしい時代の変転のなかで、日本人全体が自己喪失の病に苦しんでいたとき、清沢は、あるべき自己を問い、親鸞の教えに自己回復の道を見出す。そして如来の前に独り立ち、

独立者は常に生死巌頭に立在すべきなり。殺戮餓死固より覚悟の事たるべきなり。

（同、明治三十二年四月五日）

と告白する。病床に呻吟しながら、清沢は、真の独立者となるべく闘ったのである。当時の情況の雅号「臘扇」（十二月の扇子の意）は、「無用者」という自覚を示す。改革運動の責任を負わされて宗門の僧籍を剥奪され、不吉な肺病もちの身で、住職としても家庭人としても失格の清沢であった。一体、この生活無

能者がどうしたら自殺もせず、独立自尊の気概を保ちうるのか。

然るに、私は宗教によりて、此苦みを脱し、今に自殺の必要を感じませぬ。即ち、私は無限大悲の如来を信ずることによりて、今日の安楽と平穏とを得て居ることであります。（『我が信念』）

これが彼の結論であった。清沢は、信において自己を獲得したのである。この点、「経済上の独立は最上の独立ではない。その上に思想上の独立がある。（中略）独立のないところに自由はない。しかしすべての独立は経済的独立をもって始まる」（「独立五十年」）といった内村鑑三の思想と好対照をなす。内村の独立精神にはアメリカ的なピューリタニズムが脈打っている。清沢のそれには、いかにも親鸞の徒らしい運命愛的な高貴性が静かに流れている。

二十世紀、とくに第二次世界大戦後、ヨーロッパでは、実存主義の名のもと、「実存」＝主体的自己を問う思想が若者たちの心を捉え、サルトルやカミュの作品が広く流行したが、清沢は、実存主義なき時代に現れた一人の実存的思想家であった。

二　『教界時言』

Ⅰ　『教界時言』創刊

歎異の精神

宗門における清沢の「信の再生」に向けての努力は、生涯にわたるが、ここでは特にその初発となった『教界時言』の発行を中心に述べてみよう。

一八九六（明治二十九）年十月十日、清沢は、井上豊忠、清川円誠、月見覚了とともに、洛東白川村に教界時言社を置き籠居した。一方、今川覚神、稲葉昌丸は、地方から運動資金を調達した。教界時言社の社員は、この六人であるが、俗に彼らは白川党と呼ばれている。貧乏と闘いながら、同年十月三十一日、『教界時言』第一号を発刊した。清沢は、

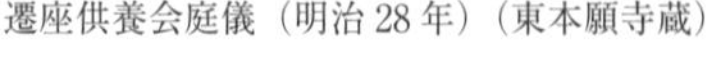

遷座供養会庭儀（明治 28 年）（東本願寺蔵）

従来本山寺務の方針、負債償却と両堂再建とに在りし日は、門末は挙て此二大事業に傾き、以て今日の成功を見るに至れる儀に候えば、今後教学を以て寺務の方針と為し、門末をして専ら此方針に嚮わしめんには、当路者たるもの一大決心を以て、人心を一転するの処置を取らざるべからず。

（『教界時言』第一号雑録「建言」）

といい、教団の生命は教学にある

のだから、この方向に教団を向かわせようと建言した。

「愛山護法」ということばがある。執事である渥美契縁らの宗門当事者も清沢も愛山護法の願いは同じであった。しかしその願いは、力点に隔たりがあった。渥美は、「山」を復興せんとした。清沢は、「法」を復興せんとした。いくら「山」が復興しても、宗門の体質が封建教団・封建教学であるかぎり真の復興とはいえない。そこに両者の危機意識の分岐点があった。護法精神とは、さらに深くいうならば「歎異（たんに）」精神である。清沢の意識の底に流れているのは、『歎異抄』の精神である。前節で述べたように、清沢は、『歎異抄』を近代に再発見し、「安心（あんじん）第一の書」として再評価した人である。その『歎異抄』の再発見は、そのまま先師親鸞の真信と異なることを歎く「歎異」の精神へとつながってゆく。教団改革運動に清沢をして身を挺せしめたものは、この歎異の精神、つまり宗門が、宗祖親鸞の教えに異なっているという痛みであり、〝親鸞に帰れ！〟という本来化への願いであった。

Ⅱ　教団改革の志願

「大谷派なる宗教的精神」

清沢たちが宗門改革の狼煙（のろし）をあげたその一年前、一八九五（明治二十八）年四月には、東本願寺の御影堂と阿弥陀堂の両堂の落慶法要が四日間にわたり執り行われた。『本山事務報告』第十九号の記事によると、このとき本山周辺の街々は、提灯をともし奉祝したという。その盛大さに地方から上山した参詣者たちは酔いしれたものと思われる。

そういう祝祭的気分が昂揚しているなかで、清沢らは、『教界時言』（明治二十八―三十一年）に大谷派の存立意義（レゾン・デートル）を改めて世に問うのである。

夫（そ）れ此（かく）の如く、巍々（ぎぎ）たる六条の両堂既に大谷派と為すに足らず、地方一万

教界時言社社員（大谷大学蔵）

の堂宇既に大谷派と為すに足らず、三万の僧侶、百万の門徒、また直ちに大谷派と為すに足らずとせば、大谷派なるものは抑何の処に存するか。曰く大谷派なる宗門は大谷派なる宗教的精神の存する所に在り。

（「大谷派宗務革新の方針如何」『教界時言』第十一号社説）

清沢は、この『教界時言』が「大谷派なる宗教的精神」を喚起する一里塚となることを期待した。真宗の法灯が受け継がれてきた大谷派教団は、宗祖親鸞の立教開宗の精神に淵源し、覚如の本願寺創建、蓮如の中興を経て、教如に至って東本願寺として別立され、一八八一（明治十四）年六月、「真宗大谷派」と改称された。清沢は、この大谷派教団を、宗祖親鸞の立教開宗の精神が伝承されてきた拠点と捉え、そこに宗門のいのちを見出したのである。

明治宗門の青年

一見すれば、現実の宗門は、さまざまな醜態を世に晒し、当時のジャーナリズムから激しい非難を浴びていた。両堂再建にむけての末寺・門徒への過酷な募財、宗政家たちのヘゲモニー争い、僧侶の不学無識、不品行など目を覆うべき惨状があった。であればこそ、白川党の宗門改革運動が興起したのである。しかし運動に身を投じた若者たちの宗門への絶望の度合いはいよいよ深くなっていった。そんな若者たちに、清沢は、親鸞の教えを実践する場は宗門を離れてはないことを言葉を尽して語りかけた。若き多田鼎（かなえ）は、次のような逸話を伝えている。

我等共に、先生を囲みて講堂正面の縁端に出でて、西瓜をわりつつ語り合える間、話頭、端なく又宗門の上に及びぬ。予曰く、宗門の革新、竟に望むべからず。予は念を宗門に絶てりと。先生、忽ち厲然として宣わく。子、何をかいう。革新望むべからざるが故に、念を宗門に絶つとは、何等の鄙劣薄情ぞや。（中略）宗門腐らば腐るほど、我等は其の中に居て努めざるべからざるに非ずや。宗門亡びなば、末徒それと共に亡ぶ、何の不可なる処かあると。厳然、予を喝破したまう。予、眠より覚めたるが如く、夜の明けたるが如し。清冷

『教界時言』第１号（大谷大学蔵）

の気、氷の如く、胸に動きて、感謝いうべからず。

和やかな会話の中にも、鉄槌(てっつい)を振るって若者の心のあり様を鍛える清沢の姿が彷彿と眼に浮かぶ。清沢は、仏法が生きて働く場は、宗門＝教団以外にはなく、どこまでも教団の一員として身を処するべきであることを多田に策励したのである。そしてそれは、法然上人の遺弟(ゆいてい)として終生身を挺した宗祖親鸞が示した道でもあった。

親鸞は、個人的な安心(あんじん)に閉じこもることなく、先師法然の開いた念仏教団の一員として生きた。すなわち孤立的人間としてではなく、大きな歴史的使命の中に生きた。「仏教の人間は抽象的でなく僧伽(さんが)的人間が仏教の人間である。個人的な存在ではない。歴史的な存在、しかし歴史というものは、人間がなければ成立たぬが、と言って又人間の歴史ではない。法の歴史である」(安田理深(りじん)『真宗僧伽論』)といわれる。ここで指摘されるように、真宗の信心といっても、仏法の共同体である僧伽に召されるということがなければ、その信心は主観的信仰ということになる。「僧伽的人間」として、自分の人生を法の歴史の中に方向づけるところに、真宗の信心のあり様があるのであろう。

明治の大谷派の青年たちの少なからざる者が、自ら次代の宗門を担うのだという僧伽的人間としての責任感と気概をもって日々を過ごしていた。たとえば、やがて真宗大学学監として、清沢の「懐刀」と評された関根仁応（一八六八～一九四三）の青年期の日記（明治二十八～三十四年）をみると、当時の宗門の若者たちの交流の様子や時代の雰囲気が垣間みられる。関根自身は、京都での修学中は、主に真宗大学機関誌『無尽燈』の編集に携わっていたが、日記に登場する僧伽的人間として活動した当時の青年群像に、清々しい宗門の息吹を感じとることができる（参照、『関根仁応日誌』第一・二・三・四巻、真宗大谷派教学研究所編）。

Ⅲ 『教界時言』廃刊

宗門改革者（リフォーマー）を超えて

『教界時言』は、第十七号まで続くが、後半の号になると、本誌は、大谷派の宗務革新を図るとともに、一般教界の革新にも努め、宗門外の仏教者たちにも呼びかけていくように編集方針を改める。たとえば清沢は、第十五号社説「仏教者盍自重乎（仏教者なんぞ自重せざるか）」、第十六号「教界回転の枢軸」において、仏教界に対して、何よりも仏教者自身が自尊心と主体性を回復することが必要だと呼びかけている。また第十七号社説「吾教界の教育家に警告す」では、同志社の文部省の認可問題に関して、教育の自立性を訴えている。これらの社説は、『教界時言』が一宗門の枠を超えて、広く世の中に訴えていこうとすることを意味する。これがやがて精神主義の名のもとに仏教復興運動を、今度は舞台を東京に移して提起していくことにもつながっていくのである。

「一宗の繁昌」

清沢が提起した宗門革新運動は、大きな盛り上がりをみせた。このような全国的な革新運動の前に、『教界時言』発刊後三カ月の一八九六（明治二十九）年十二月、渥美執事はあらゆる手を打ったが、敗れ、退陣に追い込まれる。また清沢の呼びかけに呼応して、大谷派革新全国同盟が組織され、「革新の要領」に基づく請願書の署名者は、二万八千人に達した。しかしこの運動は結局挫折に至る。『教界時言』を創刊して三年後の一八九八（明治三十一）年三月、清沢は、本誌を廃刊して改革運動を終熄（しゅうそく）させ、五月には家族とともに自坊の西方寺に入る。

この成り行きを物足らぬように思うと不満をもらした河野法雲（こうのほううん）に対して、清沢は、小部分の者が如何に急いであがいても駄目だ。よし帝国大学や真宗大学を出た人が多少ありても、此の一派——天下七千ヶ寺の末寺——のものが、以前の通りであったら、折角の改革も何の役にもたたぬ。初に此のことがわかって居らなんだ。それでこれからは一切改革のことを放棄して、信念の確立に尽力しようと思う。

と語っている。清沢は、改革運動が一種の政治性を帯びてきて、そもそもこの運動が出発した初心が見失われかねないことを危惧したのであろう。そのような反省から、結局、宗門存立の原点であるところの信心、すなわち帰依一仏の精神へと帰っていったものと思われる。それは、まさに、

一宗の繁昌(はんじょう)と申すは、人の多くあつまり、威の大なる事にてはなく候う。一人なりとも、人の、信を取るが、一宗の繁昌に候う。

（『蓮如上人御一代記聞書』一二二）

という蓮如の教訓を身をもって自証したことを意味しよう。これ以降、清沢は、自己の信念の確立とともに、他己の開発たる教育へ挺身するが、それは、教団の使命が、「自信教人信の誠を尽くすべき人物」（「真宗大学開校の辞」）、すなわち仏法の共同体（僧伽）精神に生きようとする僧伽的人間を養成することにあると自覚されたことを物語っているだろう。

眠れる象を目覚めさせようとする、清沢の宗門改革運動は、結局失敗に終わった。しかし「教団とはなにか」という問いを初めて提起し、大谷派なる宗門は、「大谷派なる宗教的精神の存する所にあり」と、教団存立の意義を問い直した意味は深い。宗門人各自の宗教的自覚と信仰的自立にこそ宗門のいのちの証しがある、と彼は考えたのである。

三　『精神界』

Ⅰ　再び東京へ

真宗大学学監として

話は戻るが、清沢が宗門改革を闘っていた頃、守旧派の宗学者たちが若手の研究者に圧力を加えたことがあった。近世の大谷派の宗学を担ってきたのは高倉学寮であった。学寮の宗学者には二つの流れがあったという。ひとつは先輩の学説に追従して、軌道を逸することを許さないものであり、他は、宗祖親鸞の教言を規範として、先輩の学説を取捨しようとするものであった。明治中期に占部観順（うらべかんじゅん）の「異安心（いあんじん）」事件が起こったが、後者の立場に立ったゆえに、占部は、守旧派の宗学者の怒りに触れ、排斥された清沢は、これを烈しく叩いた（「貫練会を論ず」『教界時言』第十二号社説）。占部は、この頃京都に設置された真宗大学の学監（学長）の任にあった。しかしこの「異安心」事件のため、彼はこの職を追われることになった。過去にこの苦い経験をもつ清沢は、早く『教界時言』において、真宗大学移東の声を出し、それゆえに真宗大学学監を引き受けるに当たって大学の東京移転を条件とした。その理由のひとつは、学問に宗政や教権が介入するのを警戒したからである。

清沢は、周囲の者たちに、真宗大学が東京に来たら、東京のような物質主義、積極主義に反して、精神主義、消極主義の一大活泉とならしめたい、とその抱負を語った。「真宗大学要覧」によれば、真宗大学は、研究院、本科、予科からなり、本科に宗乗科、華厳科、天台科、性相科が置かれた。校舎は、当時東京の郊外に位置する巣鴨に建てられた。

いま、その当時の面影を偲ぶよすがもないが、大谷大学近代化百周年に当たり、二〇〇〇年十二月に、豊島区の理解と大谷大学同窓会東京支部の尽力によ

巣鴨真宗大学の校舎

り、ＪＲ大塚駅近くの宮仲公園内に、小川一乗大谷大学学長（当時）の揮毫による「大谷大学開学の碑」が建立された。現在の大谷大学の近代の黎明を告げるこの真宗大学は、一九〇一（明治三十四）年十月十三日に開学する。その初代学監に就いたのが、清沢であった。

三十七歳の清沢は、病軀を押して真宗大学学監として再び東上、本郷森川町の近角常観宅に居を定めた。翌年、居宅に「浩々洞」の名を掲げ、彼を慕って集まった暁烏敏・佐々木月樵・多田鼎らの青年学徒とともに共同生活を始める。

『精神界』発刊

大谷大学開学の碑

一九〇一年、信仰雑誌『精神界』が浩々洞から発刊された。主幹を清沢、編集発行を暁烏敏が務めた。本の体裁は雑誌『日本人』にならい、印刷は高浜虚子に相談し、表紙絵は中村不折が担当した。正岡子規は、本書の印象について、

雑誌精神界は仏教の雑誌なり。始に髑髏を画きて其上に

『精神界』創刊号

精神界の三字を書す。其様何とやら物質的に開剖的に心理を研究する意かと思われて仏教らしき感起らず。髑髏の画の稍ゝ精彩なるにも因るならん。
（『墨汁一滴』）

と記している。当時の仏教雑誌が、前の時代の価値規準や生活感覚に浸透していた仏教用語で、固定した表現の繰り返しになっていたのに較べ、『精神界』は、斬新な言葉（有限・無限、自由・平等、独立など）を用いて仏教、親鸞思想を表現することを試みた。この新しい視座に立って、仏教、親鸞思想を時代社会の中に表した主張が〈精神主義〉である。その主張を開陳する『精神界』は、自由な批判精神、非神話的な仏教理解、新しい表現形

式をもって編集された雑誌であった。本書の出版の歴史的な意義について、洞人となった安藤州一（しゅういち）は、

当時の青年は、死後よりも現実の問題に苦しんだ。そして宗教に対する合理的説明を要求した。しかしこれに満足の説明を与えてくれる人が無い。安心立命の要求は強いが、真理としての宗教が与えられない。何故に凡夫の仏になる教法が真理であるかと尋ねても、これに合理的説明が与えられぬ。そして自己内心の苦悶は猛火の如く燃え上がる。そこに生活の脅威がおしよせる。功名利達の慾心が擡頭する。立ても居ても居られぬ。かかる懐疑時代、煩悶時代、宗教の威力失墜時代に、闇夜の炬光として現われたのが『精神界』であった。若し他日明治の宗教史を書く人があるならば、清沢師の浩々洞開設は、特に留意すべき者である。

（『浩々洞の懐旧』）

と述懐している。精神主義は、何よりも物質文明隆盛の明治近代において、精

神的漂泊という病に苦悩する人々に、仏教を通して「一つの完全なる立脚地」(「精神主義」)、すなわち根源的主体性を獲得すべきことを説く歴史的運動であった。と同時に、それは、封建体制のもとに生命が涸れた真宗教学を、時機相応の教学として蘇生せしめようとする回転軸ともなったのである。

明治は、日本人が近代的知性(合理主義)にはじめて眼を開いた時代である。それゆえに日本人は、西洋の科学・産業や新しい理論を学び、東洋のなかで最も近代化に成功した。しかし他面、伝統思想を捨て去り、知性中心主義になることによって、古来の宗教性を見失うことにもなった。『精神界』はそのような時代への警鐘として発刊された。

「大体、清沢先生の出られる迄は、他力の信念などは誰も問題にしておらなかった」と曾我量深は述べている。『精神界』は、清沢が、自らの苦難の体験のなかで闘いとった他力の信念をもとに、宗教的信仰の内景を具体的に人々に伝達する近代仏教界はじめてともいえる活字メディアであった。

精神主義運動

清沢は、『精神界』創刊号に「精神主義」と題する論文を寄せた。精神主義というと、現代ではむしろ悪い意味に使われて、人間の心がまえを無理に強調するような主張をさす場合が多い。清沢がいう精神主義はけっしてそのようなものではない。それは、まず何よりも、非主体的な生き方、外物に振り回されて流転している生き方をしている私たちが、絶対無限者（他力）たる如来に帰依することによって、本来的自己＝主体性を回復する道筋を意味した。

吾人の世に在るや、必ず一つの完全なる立脚地なかるべからず。若し之なくして、世に処し、事を為さんとするは、恰も浮雲の上に立ちて技芸を演ぜんとするものの如く、其転覆を免るる事能わざること言を待たざるなり。然らば吾人は如何にして処世の完全なる立脚地を獲得すべきや。蓋し絶対無限者によるの外ある能わざるべし。（中略）而て此の如き立脚地を得たる精神の発達する条路、之を名けて精神主義という。

（「精神主義」『精神界』第一号）

『精神界』創刊号の巻頭論文の冒頭の一節である。これは、精神主義が、主体性確立の道であることを示している。精神主義とは、イズムではなく、宗教的信念をモットーとする主体的な生き方をいうのである。

精神主義が高潮した一九〇〇年前後は、懐疑・煩悶の時代といわれる。帝国主義的、軍国主義的な風潮によって個人の自我が無視され、若者達の苦悩は深まった。このような時代状況のなかで、精神主義運動は、仏教によって「個」の自覚と自立を成し遂げようと図った。後年、島地大等はこれについて、高山樗牛（一八七一～一九〇二）の日蓮主義と並べ、その自我霊性の叫びは、明治宗教史上に顕われた最も重要な主義信念であり、明灯であったといっている（『明治宗教史』）。

Ⅱ　僧伽への祈り

精神主義の思想

精神主義は、自己の立脚地を絶対無限者（如来・仏）に見出し、これを存在の大地として、一人ひとりが「個」として独立していく筋道を説く宗教思想である。ではその実践は、どのような方法をとるのだろうか。清沢は、

修養の方法如何。曰く、須く自己を省察すべし。自己を省察して、天道を知見すべし。天道を知見せば、自己に在るものに不足を感ずることなかるべし。（『臘扇記』明治三十二年二月二十五日）

と述べている。すなわち内観思惟の自己省察を方法とする。現代の人々は、そ

の処世の立脚地を見失い、外物他人に振り回されて煩悶憂苦している。精神主義は、その現代人が、絶対無限者を拠り所として、本来的自己すなわち人間としての主体性を取り戻そうという主張である。それは、清沢自身が病苦と煩悶のなかに改めて発見した自己の帰依処としての仏道を、その体験に基づいて開陳した信仰論である。

精神主義の立場は、『精神界』誌上で毎号明らかにされるが、私は、その基本的思想をつぎの三点に整理したいと思う。

1 「個」の確立

清沢は、『臘扇記』の記述にも明らかなように、自坊の西方寺で静養している間、自分にとって何が本来的な自己であるのか探求し続けた。そこにおいて彼は、自己をして真に本来的な自己として生らしめる最も深い基盤、根源底を絶対無限者への信に見出す。病苦と煩悶のなかに、彼は、この宗教的信がなければ、生きていくことも死んでいくこともできぬと痛切な思いで感じとった。

清沢にとって、宗教的信こそ、自分を真に主体的な自己として、すなわち「個」として生らしめる成立的基盤であった。そしていま彼は、この宗教的信を「精神」の名において新しく表明する。

2　公共主義の実践

精神主義は、精神の第一義性を主張する。それゆえ個人の内面性が重視される。しかしそれは、脱社会的な形で心のなかに浸ることではない。それは、一面において、個を覚醒させる道として自己内観的な方法を採るが、その個は、孤立独存的「個」ではなく、関係的「個」として認識される。関係的自己の認識は、社会的な地平では公共主義として成立する。明治という時代は、日本人が近代的自我に目醒めた時代である。しかし自我はその暗黒面として、公の喪失をかかえている。大浜の自坊から新都東京に出た清沢は、その現実を直視し、仏教の相依相待的因縁観を背景に公共主義を説く。

3　万物一体の自覚

清沢は、精神主義において万物一体を標語化し、さまざまなところでその理念について語っている。中国の万物一体論にせよ、あるいは西洋の有機体説にせよ、それらは全体論（ホーリズム）的な世界観である。清沢は、仏教に伝統する相依相待的な実相観に立って、万物一体論を説く。折しも日本は、資本主義興隆の時代に突入し、産業による自然環境の破壊（たとえば渡良瀬川流域の鉱毒事件など）が深刻化してきた。万物一体の観念は、宇宙万物と自己とが一体であるという自覚的認識である。精神主義は、万物一体の自覚において、私たちが天地の恵み、人間相互の支え合いがなければ生存しえないことを明確に主張する。

僧伽的世界の実現

では、精神主義がその主張のタイトルとした「精神界」とは、どのような世界なのであろうか。思うに、精神界とは、帰依仏の宗教的精神によって顕現する精神的世界であろう。

> 仏者は同時に二種の世界に住する者たるを要す。二種の世界とは何ぞや。或いは世間、出世間と謂べく、或いは真諦、俗諦と謂べく、或いは絶対、相対と謂べく、或いは有限、無限と謂べし。
>
> （「仏教者盍自重乎」『教界時言』明治三十一年一月）

これによれば、仏教者が立つ位置は、世間・出世間のいずれか一方というところにではなく、両者の分水界のところにあることがうかがわれる。これは、親鸞のいわゆる「非僧非俗」（僧にあらず、俗にあらず）の境位に相当するものかもしれない。清沢は、二種の世界の分水線の境界上に僧伽の世界、すなわち仏法に開かれる和合の世界を見定めているようである。とすれば、「精神界」とは、このような僧伽的世界ということができよう。この僧伽的世界が、浩々洞のうえに影現していた。

清沢は、古い体質の宗門に対して、身命を賭した鋭い批判を投げかけながら、しかも宗門を離れず、宗門の中に「失われた僧伽」を求めていった。もちろん僧伽は現実の教団ではない。僧伽の理想から遠く離れている。それは娑婆の共同体である以上、ある意味でやむをえない。しかし教団は僧伽を映す場所である。

清沢の生涯は、「僧伽への祈り」（訓覇信雄）に貫かれている。教団革新への建言、白川党運動という教団への捨身は、悲劇に彩られながら、そこに僧伽のいのちを現代に回復せんとする祈りが底流している。その祈りが小さく具現した場所、それが、精神主義の発信基地となった浩々洞であった。この洞から、仏教婦人雑誌『家庭』（近藤純悟編輯、一九〇一年十月発刊、一九〇五年十一月終刊）をはじめ、精神主義を世に発信する多くの書籍が洞人によって逐次刊行されることになる。常盤大定は、先生を中心とする洞の生活は、恰も古代の僧伽を目前に見るが如くに感ぜられた。仏教の僧団には、いうべからざる美わしい長処を含むのであるが、其のうるわしさを現代に実現したのが洞の生活であったと思う。

と回想している。浩々洞は、その生活の全体が仏教の精神で統理されていた。このため浩々洞は、若者の求道心を育てる学仏道場という趣きをもった。

後の歴史が示すように、浩々洞は、大谷派宗門に僧伽の精神を呼び覚ます一源泉となった。と同時に、明治の青年に小さな心のオアシスを提供したのである。

清沢の臨終

一九〇二（明治三十五）年十月、清沢は、真宗大学学監（学長）の職を辞し、三河大浜の自坊西方寺に帰る。この年、妻と長男を喪った。その上、積年の無理が響いて、持病の肺結核も悪化した。一九〇三（明治三十六）年二月、本山の会議に出席するため上洛、祖廟に参り、「本山に対する私の仕事は終わった」との言葉を残した。六月六日、大きな喀血のあと、ついに四十一年の一期を終えた。その臨終の模様について、侍者の原子広宣（はらここうせん）は、

此の時予曰く、「先生今度はどうしても死し給うべし。云い残すことなきや。」先生曰く、「何もない」。先生唯この一語のみ。

と伝えている。信によって正定聚（しょうじょうじゅ）・不退転の境位に立った者の静かな最期であった。法名、信力院釈現誠。

終焉の地・西方寺の境内には、近年、その遺徳を偲び、「清沢満之記念館」が設立され、また祥月の命日には、例年、「浜風臘扇忌（ひんぷうろうせんき）」が勤修されている。

第二章　いま、親鸞に聞く

一　煩悶と求道の時代

I　文明開化・富国強兵の論理とその帰趨

明治の光と影

明治に入って以来、日本の政治は、西洋列強を手本として、文明開化と富国強兵を旗印として、急速に近代化・西欧化を進めてきた。上昇期にあったそんな日本と日本人の姿を、司馬遼太郎は、小説『坂の上の雲』で、日露戦争中に活躍した二人の兄弟を軸に精彩に活写している。主人公は、松山の貧しい下級武士の家に生まれた秋山好古（よしふる）と弟の真之（さねゆき）、そしてその親友の正岡子規である。好古は、軍人となり、陸軍で順調にキャリアを積み、日露戦争では、コサック兵を破るなど、〝日本騎兵の父〟とやがて呼ばれるほどの活躍をする。一方、ヨーロッパに留学し、海軍戦術を学んだ真之は、のちに連合艦隊の参謀として、日本海海戦を勝利に導く才腕を発揮する。

強大国ロシアに挑んだ日本は、陸と海で数々の苦難と筆舌に尽くしがたい犠牲を乗り越えて勝利を収め、近代国家への階段を駆け上る。司馬は、このランナーの実在のモデルとして好古と真之を作品に登場させたのである。これらの兵士たちの勇敢な奮闘とその戦果に鼓舞されて、多くの国民は、極東の弱小国から欧米に伍する「一等国」になったという大きな誇りを抱くようになる。

帝国主義時代にあって、アジアの各国は、植民地化された。そのような激動期、いかに欧米列強に負けない国を作るかという目標を、明治政府は、文明開化と富国強兵に定める。そしてこの国家目標は、日露講和条約締結（一九〇五年九月）によって一応達成される。しかし『坂の上の雲』は、そのタイトルが象徴するように、「坂の上」に上りつめた日本人の次の展開をも暗示しているのである。

上昇期にあった日本人の国民的自負心は、東京大学を卒業し、当代きっての有数なエリートとして教育の場に就いた清沢満之の場合にもうかがうことができる。特に初期の論稿には、その自負心が顕著にみえる。たとえば宗門改革運動の緒についたころ、世界文化の内的統合が日本伝統の仏教によって果たされるべきことを謳い、清沢は、次のように述べている。

宇内の邦東西其処を異にし、古今その勢に別あり。従て各邦に煥発する所の文化は、亦自から一様なる能わず、桃紅李白 各 其特色を表わせり。而も其間に於て、東西両洋の文化は、各一連の系統を成し、二条の潮流判然として其状勢を異にするものあるが如し。（中略）二条の潮流は、其来るや先後時を異にすと雖も、今や等しく我邦に会し、共に我邦固有の精気に同化せられて、我大日本帝国の文化となり、漸く将にその光輝を宇内万邦の上に煥発せんとす。是れ豈世界的統一的文化に非ずや。嗚呼、生を此聖代に享け、斯世界的統一的文化の原造者たり、発揚者たる者、抑何の幸栄ぞや。余輩帝国民たる者、豈奮発興起せずして可ならんや。

（「教界時言発行の趣旨」明治二十九年十月三十日『教界時言』第一号）

前年に日清講和条約が調印され、東本願寺両堂が落成するという時代の明るい見通しをうけてか、今なお読むものをして感奮興起せしめる力強い内容に溢れた文章である。しかしやがて清沢は、自ら「黄金時代」と呼ぶその光とともに時代の影、人間の闇にもまた注意を払わねばならないという事態に直面していくことになる。

社会ダーウィニズムの隆盛

この頃、とくに生物界における生存競争・適者生存を説くダーウィン（イギリスの生物学者一八〇九～一八八二）進化論の概念を、社会の現実の動勢に当てはめてみる社会進化論、あるいは社会ダーウィニズムは、文明開化・富国強兵という資本主義の優勝劣敗の原理を正当化するために歓迎された有力な思想であった。日本は、生存競争に勝ち抜くことによって文明が進歩するという社会ダーウィニズムに従って大国に伸し上がった。

日本において、社会ダーウィニズムを政争の具にまで持ち込み、世間の耳目を集めた人は、明治初期最大の啓蒙思想家で、初代東京大学総長の加藤弘之（ひろゆき）（一八三六〜一九一六）であった。彼は、最初は民権派として出発し、『国体新論』（一八七四年）を著わして国学者と対決したが、自然科学の重要性を認識し、ダーウィン、スペンサー、さらにヘッケル等の進化論に傾倒していく。進化論研究の結果、『人権新説』（一八八二年）を発表し、社会ダーウィニズムで理論武装して、自由民権論者の唱える天賦人権論に冷水を浴びせかけた。一八八九（明治二十二）年二月、大日本帝国憲法が、そして翌年十月には教育勅語が発布されるが、加藤は国権論への傾斜の度を深め、『強者の権利の競争』（一八九三年）をドイツ語、日本語で刊行し、自らの立場をさらに鮮明にした。

人生への懐疑と煩悶

このような強者の論理は、国全体を席捲(せっけん)し、愛国や富国強兵が喧伝され、個人の価値は軽視され、国家に対する義務責任のみが強調されるようになった。明治二十年代後半から三十年代の前半は、日清戦争と日露戦争との狭間(はざま)、いわゆる戦間期にあたる。日清戦争の勝利に酔い痴れた国民は、その興奮も束の間、ロシア・ドイツ・フランスの三国干渉に遼東半島を手中から逃し、動顛した。国民の悲憤慷慨(ひふんこうがい)の想いが高まり、「臥薪嘗胆(がしんしょうたん)」の合言葉のもと、ロシアへの復讐の意気があがった。

このような悲憤の風潮のなかで、若者に国家への義務責任が強調されるが、この国家主義的な潮流の擡頭(たいとう)は、若者の精神の自由を無視し、個々人の多様な可能性の開発を押しとどめることになった。この時代の風潮について、当時のある論者は、個人としての自己の存在を認識せず、唯だ国民という結合体の一組織分子としての存在を許容するの風を興し、日本人はみな個性を滅却して、国民性と一致せざるを得ざるに到れり、国家に対する義務心、犠牲心を以てのみ存在を許容せらるる。（中略）日清戦争以後、日露戦争に到るまでの時間においては、いかに血気の青年と雖も、公然として、時代思想に挑戦するの名乗を挙ぐること能わざりしなり。

（伊藤銀月『明治青年思想変遷史』）

と振り返っている。明治三十年代を特徴づける青年の懊悩・厭世思想は、このような抑圧状態のなかに醸成されたのである。若者らしい自我の自覚と国家の圧迫の相克にだんだん追い詰められて、若い魂は強い不安に捉えられる。そういう状況が日清戦争と日露戦争前後の十年ほどのあいだの青年たちの心を襲った。いわゆる懐疑・煩悶時代の到来である。

藤村操の自殺は、このような時代の流れのなかに突発した事件として理解される。第一高等学校の学生で、哲学青年であった藤村は、宇宙の真理は何かという疑問に逢着、煩悶し、一九〇三（明治三十六）年五月二十二日、日光華厳の滝に投身自殺する。この藤村の投身に、当時の青年たちは異常な衝撃を受けた。遺書の「人生不可解」は多くの青年の合言葉となり、真似をして自殺する者も相次いだ。この言葉に象徴される人生への懐疑と煩悶が明治後半期の青年を彩る第一の特徴となった。

Ⅱ　浩々洞

アンチ・社会ダーウィニストの系譜

三宅雪嶺（みやけせつれい）は、「慷慨衰えて煩悶興る」（『想痕』）と題する一文を草し、「悲憤慷慨の行われしは、維新前後よりして帝国議会開設前後に及べり。……悲憤慷慨の代りに煩悶出でしは、さきに国家的なりし者の、新たに社会的もしくは個人的となりきたりしを証す」と述べている。慷慨悲憤は、日清・日露戦争前後にまで国民の声となって現れたと思われるが、煩悶が社会的方面と個人的方面へと進んだとの指摘は興味深い。

明治の主調は、文明開化と富国強兵であり、宗教的には国家神道が、思想的には社会ダーウィニズムが、この政策を支えた。その強力な潮流は、逆らうことを許さないほどに烈しいものであったが、しかしその当時からアンチ社会ダーウィニストたちがいなかったわけではない。『文学界』の同人たち、たとえば北村透谷、樋口一葉、泉鏡花、高山樗牛らは、国家主義的な潮流が擡頭してくるなか、個我の解放を文学に託した。キリスト教界では、内村鑑三がいる。彼は、一八八四（明治十七）年に留学したアメリカにおいて、イエスの十字架上での死が人間の罪を贖ったという福音信仰に眼を開かれるとともに、金銭万能主義と人種差別というアメリカの別の面を目撃した。

そして仏教界では、清沢満之が注目される。清沢は、進化論（ダーウィニズム）に早くから関心を抱き、加藤弘之と論争している（「加藤先生に質す」、「善悪の因果応報論について再び加藤先生に質す」）。また「仏教と進化論」（一八九五年）において、生物進化論と仏教因果論を対置して論じた。やがて優勝劣敗の原理に立って、覇道主義を正当化する社会ダーウィニズムに抗して、王道主義ならぬ仏法第一主義を説こうとするようになる。「文明世界は欲世界なる事」（「時感断片」）と喝破した清沢は、その手記に、

生存競争、優勝劣敗は主我主義の結果なり。
今の世の論者教者往々この主義を趣帰とす。浩歎（こうたん）にたえざるなり。
（「転迷開悟録（てんめいかいごろく）」）

と記している。主我主義は、釈尊の根本教説である「無我」の道理に逆らうものである。清沢は、しばしば「反・近代論者」というレッテルが貼られるが、アンナ・社会ダーウィニストという点では、この指摘は妥当であろう。

浩々洞の日曜講話

明治の中期から後半期にかけて、強権主義、国家主義が席捲する一方で、青年たちの間に深い煩悶が広がっていった。そういう精神状況のなかで宗教が復権してくることになる。キリスト教の場合、一九〇〇（明治三十三）年に大挙伝道運動が始動し、その教勢は、大都市を中心にしながら波及していった。青年たちの心に宗教的な熱が昂進し、各所連夜の説教会で道を求める者が続出するようになった。海老名弾正（えびなだんじょう）、植村正久（うえむらまさひさ）、内村鑑三らによって盛んな論議が展開された。

キリスト教が、人はいかに生きるべきかという青年らの問いに応答しようとしたのに対し、他方の仏教は、青年の煩悶を理解し、これに対応する方途を示すことができなかった。そんななか、真宗に清沢満之が出て、これらの青年たちの煩悶憂苦に応えようとした意義は大きい。

一九〇一（明治三十四）年十一月、本郷森川町の浩々洞（こうこうどう）で日曜講話第一回が開かれた。翌年、洞は東片町（ひがしかたまち）に移転するが、毎日曜催されるこの講話会には、『精神界』が評判を呼んだこともあり、さまざまな青年たちが訪れた。いずれも人生に煩悶し、その解決を求める人たちであった。安藤州一は、

東片町時代の先生は、実に責任煩悩の解決者であった。浩々洞を尋ねて苦悩を訴える人は、大抵責任煩悩の負傷者であった。他人の事は第二として、私が第一に責任煩悩の重傷者であった。（中略）この私の苦悶を見兼ねて、覚えず先生の口頭に現われたのが、「責任ということを言うなら、私は百遍切腹しても申訳が立たぬ」との一語であった。

（『浩々洞の懐旧』）

と回想している。洞の訪問者の大半は、「責任煩悩の負傷者」であったという。責任観念の深さは、一面において、明治の青年たちの倫理的な真面目さを表わすものである。多くの若者たちは、その真面目さによって、国に対して、社会に対して、家に対して責任を感じ、また責任を担わせられ、その重圧に苦しん

浩々洞洞人（中列中央が清沢満之）

だ。そのような若者に対して、清沢は、親鸞の他力の教えにしたがって、「凡ての責任を如来にまかせ奉りて、双肩の重荷を卸して感謝する」（『浩々洞の懐旧』）という、いわゆる無責任主義を説き、倫理を超えた宗教の道を示したのである。

浩々洞は、キリスト教界の内村鑑三の聖書講読会と並び、求道的な青年たちを引きつける安息の小聖地であった。キリスト教、仏教へと道を求める当時の若者たちの姿は、魚住影雄（折蘆）の『折蘆遺稿』の中に読みとることができるであろう。このような形で、明治三十年代の中葉以降、宗教的な要求が顕著となる。そしてそのことが時代の煩悶を示している。

二　暁烏敏――「『歎異鈔』を読む」

I　『歎異抄』との出会い

青春の蹉跌

明治中期の煩悶状況の中で、親鸞の声は、若者たちにどのように届き、また響いたのであろうか。浩々洞三羽烏（さんばがらす）のひとりである暁烏敏（あけがらすはや）（一八七七～一九五四）の青年期の事蹟にスポットを当ててみよう。暁烏の信仰の遍歴は、紆余曲折を経ているが、生涯において決定的な出発点となったのは、清沢満之との出会いである。

一八九三（明治二十六）年、暁烏は、京都大谷尋常中学三年に編入学した。その時はじめて清沢満之と邂逅する。当時清沢は、例のミニマム・ポシブルの実験を行っていた最中であるが、粗末な法衣の姿で教壇に立ち、サミュエル・スマイルズの『自助論（セルフ・ヘルプ）』をテキストとして英書を講読したという。やがて真宗大学に入学、清沢が宗門改革運動に着手した折、暁烏は、これに共鳴し、学生改革委員となって同盟休校に参加し、退学処分を受けた。しかしそのまま京都にとどまり、宗門改革運動の本拠である教界時言社の仕事を手伝い、また真宗大学の機関誌『無尽燈（むじんとう）』の編集にも関わった。

暁烏は、白川党の改革運動の激動の頃、酒色をおぼえたらしい。宗門の堕落に憤慨して立ち上がった革新者が、その堕落の実態を自分自身に発見して、「一足は天に昇らんとし、一足は地に下らんとする」苦悶に、身の引き裂かれる思いをする。このような精神的危機を体験した暁烏は、自暴自棄に陥ちようとした。そんな苦悶を、清沢に打ち明けたのであろうか、暁烏は、『歎異抄（たんにしょう）』を手にとり瞠目する。

本書の精読を私に勧めて下さったのは、故清沢先生であった。明治仏教は本鈔によって復活した。本鈔を明治の教界に紹介したのは清沢先生であった。今回本書を公にするに就いても、故先生を追懐することが頻りである。

（『歎異鈔講話』序言）

若き日の暁烏敏

後年、『歎異抄』について一書を出版するにあたり、暁烏は本抄との出会いをこのように振り返っている。

師の警策

『歎異抄』に出会った暁烏は、自分のような罪・穢れに苦しんでいる者の助かる道があったことを見出し、ふたたび望みが湧き、いのちが吹き返る。その喜びに、東大谷の親鸞の廟所へ駆け上がって、泣いて『歎異抄』を読む。まさに悲喜交流のなかの『歎異抄』との出会いであった。

涙の中から見出だされたこの道についての喜びを、多田、佐々木の二人の友に語ります。私ほど罪の自覚を持たない二人も、私の罪の自覚と私の喜びとをよく了解してくれました。共に語り合うて清沢先生をおたずねして、先生から、鉄を鍛えるように、強い鎚を当てて鍛えていただいたのでありますその先生の鍛えによって益々この『歎異鈔』のみ教えが私の力となって下さったのであります。

（「歎異鈔と私」『新講歎異鈔』）

青年期特有の性の問題との葛藤・煩悶のなかで、暁烏は、『歎異抄』と出会い、清沢の指導によって味読していくことになる。

一九〇一（明治三十四）年十月、真宗大学東京移転に伴い、清沢は、学監として就任する。宿舎は、本郷森川町の近角常観（ちかずみじょうかん）留守宅となったが、前述したように、暁烏は、多田鼎(かなえ)、佐々木月樵(げっしょう)とともに、清沢を慕って上京し、共同生活に入り、この居所を浩々洞と命名する。清沢を囲んで営まれた洞の生活は、対話を中心とする人間教育の場であった。「あの折のことを今想い出しても涙の出るような嬉しい気がする」と暁烏は感銘深く回顧している。ただ、暁烏は、罪悪感に悩まされ、宗教者となる道を断念し、東京外国語学校露語科に入学、外交官を志望し、世界平和に貢献したいと願うようになる。

Ⅱ 『歎異抄』の再生

『歎異鈔講話』の出版

『歎異抄』の教えに一筋の光を見出した暁烏は、清沢の勧めで、一九〇三（明治三十六）年から、浩々洞発行の『精神界』誌上に、自己の獲信の内景を伝え

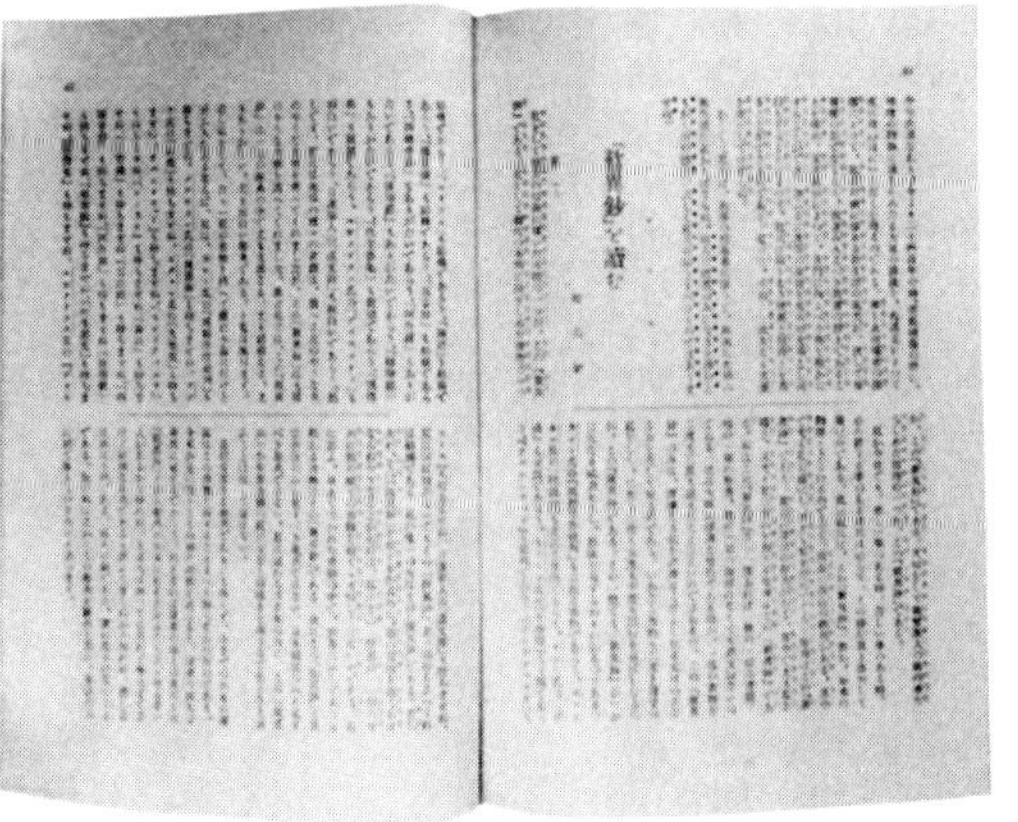

「『歎異鈔』を読む」（『精神界』）

る「『歎異鈔』を読む」を、八年間にわたって連載する。この連載は、『歎異抄』が罪悪者を救う魂の書であることを明証しただけでなく、暁烏の名を不動のものにした。前述したように、清沢は、近代における『歎異抄』の発掘者であるが、本書を自らの精神的独立の原初点に置き、広く世に公開していったのは暁烏である。「『歎異鈔』を読む」は、一九一一（明治四十四）年四月に、親鸞御遠忌と母千代野の還暦を記念して、『歎異鈔講話』としてまとめられた。「『精神界』を介して『歎異抄』は真宗教団圏を離れ、はじめて国民の前に解き放たれた」（福島和人）と指摘されるように、これを機縁に『歎異抄』は、日本を代表する宗教的古典として、世に注目されるにいたる。

全二十章より構成されている本講話は、

本書の著者は、傲慢な、横着な、名誉心の強い、しようのない男である。家庭に居る頃は父母を泣かせ、学校にある頃は不勉強で先生に心配をかけ、社会に出でては極端な議論を吐いて友人や先輩の人々に迷惑をかけておる男である。嘗ては酒食に耽り、賭博に溺れ、その他あらゆる罪悪に汚れた、云わば人の風上には置かれぬ男である。

（『歎異鈔講話』序）

と書き出されている。自分を罪悪者と告白し、ありのままにその自己をさらけ出している。悪人としての自己を実験台にして、『歎異抄』の真実を語ろうとする気構えが、この序文に予示されている。この気構えは、「親鸞においては」と語る親鸞の姿勢をそのまま自己一人の上に受け継ごうとするものである。暁烏は、『歎異抄』の中でも、とくに「親鸞においては、ただ念仏して、弥陀にたすけられまいらすべしと、よきひとのおおせをかぶりて、信ずるほかに別の子細なきなり」という一句に感銘をうけた。

「親鸞においては」、この一句千斤の重みありです。他人の安心はどうか知らぬ。諸君が我が安心に同ずるや否やも問う所ではない。世間が何と云おうが、世間が何と思おうが、自分の安心はこの通りであると表白し給うたのがこの、親鸞においては、の一句である。

（『歎異鈔講話』第三章）

この親鸞の教言を自己の上に受けとめ、暁烏は、没自己的に『歎異抄』の語句を訓詁注釈する近世宗学の立場を翻し、自己を通してその心を表現する。ここに、親鸞は、近代人の主体的な立場と呼応して語られることになる。暁烏は、自我本然(ほんねん)の声に忠実に『歎異抄』を読んだ。時あたかも、真の生活とは自己の探求にほかならない、という自然主義の文学が世に迎えられていた。一九〇六(明治三十九)年、島崎藤村(とうそん)の『破戒』が、翌年、田山花袋(かたい)の『蒲団(ふとん)』が刊行された。このような時代、暁烏の受けとめを通して、『歎異抄』は再生のステップを踏んだのである。

倫理以上

暁烏は、晩年、自らの信仰の歩みを振り返り、

私は二十歳の頃から三十五歳の頃迄、歎異鈔の導きをうけました。三十五歳から五十歳まで、無量寿経の導きをうけました。五十歳から六十二三歳の頃まで聖徳太子を通して日本書紀と古事記の導きをうけました。六十三歳の頃戦争が始まり、戦争が終わって本年七十五歳になる迄、ひたすら念

仏の一道に育てられてきました。（「広大会」）

と総括している。暁烏の生涯は、明治、大正、昭和前期、太平洋戦争後の四期に分けてみることができる。明治期は、清沢満之のもとでの信仰の形成期である。大正期は、自由主義的風潮のなかで思想の幅を広げた時期である。昭和前期は、神ながらの道を通して国家主義に傾いた時期である。太平洋戦争後は、平和思想に共鳴し、『清沢満之全集』を刊行し、東本願寺宗務総長を引き受けた時期である。

一瞥すれば、暁烏の信仰の軌跡は、変転きわまりないように思われる。ただ、青年期に、清沢のもとで信仰を形成し、晩年『清沢満之全集』（法藏館版）の刊行に尽力したことからも明らかなように、その生涯は、清沢門下を認じて一貫している。暁烏にとって、清沢は、つねに信仰の師であった。

すでにみたことではあるが、暁烏は、清沢によって『歎異抄』に導かれた。その清沢は、本鈔を、『阿含経』『エピクテタス語録』と並び、「余の三部経」

のひとつに数え、これを「安心第一の書」と呼んで、生涯大切にした。『歎異抄』こそ、信仰の規範を示すものと受けとめられたのである。

では、清沢は、『歎異抄』のどこに最も深く共鳴したのだろうか。軽々にはいえないが、信仰とは倫理を超えたものであることを『歎異抄』に学んだことは確かであろう。晩年の一九〇二（明治三十五）年九月、『精神界』に「倫理以上の安慰」を発表し、さまざまな反響を呼んだが、翌年一月には、「倫理以上の根拠」を執筆し、加藤弘之の質問に答えた。『歎異抄』の悪人正機の思想的系譜に立つ清沢は、〈倫理以上〉という立場から、戒律主義の釈雲照や福田行誡などと対照的に、仏教の宗教的地平を追究した。

清沢の信仰と人格より決定的な感化を受けた暁烏は、師の教えを継いで、仏教を純粋に宗教それ自体の光のなかでとらえようとした。一九〇一（明治三十四）年に発表された「精神主義と性情」「昌平（しょうへい）なる生活」は、無条件の如来の救済を説き、その大胆な表現のために、道徳破壊という非難を世間から浴びたが、仏教を倫理的地平、〈倫理以内〉でとらえようとした明治中期の風潮のなかで、〈倫理以上〉という清沢の教えを受けて、仏教の宗教的地平を追究した意義は看過できない。

三　近角常観──「懺悔録」

I　青年期の煩悶

生死巌頭の体験

つぎに浩々洞に宿舎を提供した近角常観(ちかずみじょうかん)にスポットを当ててみたい。近角は、清沢満之より八歳年下で、一八八九（明治二十二）年、第一高等学校を終えた。東京大学哲学科学生時代、一八九六（明治二十九）年七月から翌九七年春にかけて清沢満之を中心とする宗門改革運動、すなわち白川党へ熱烈に挺身したが、運動解消後の挫折感・疎外感に悩まされた。純粋な愛山護法運動であると信じ活動した近角は、やがてその挫折感から、人を怨み世を恨むようになる。そして暁烏の場合と同じように、この自分こそが不実の巣窟であり、問題の核心であると気づく。ここに絶体絶命の生死巌頭に立ち至ったのである。一八九七（明治三十）年五月二十三日、近角二十七歳のときであった。夏期休暇中も狂乱のような苦悶がつづき、ついに病臥した。

九月になっては、どうも腰部が痛くて帯ができん。終に「ルチュー」という病気になった。この病気は肉の下が膿むので、非常の痛みを起こす難病でありました。それでも昼の中は考えてばかりいたから、さほどにも感じなかったが、夜寝ると七転八倒の苦しみをした。私の弟が介抱をしていてくれましたが、私が眠ると知らず識らずヒーヒー泣き叫ぶのが、腹にこたえてあたかも鋸で曳かれるようであったそうでして、今でもそのことを思うとゾッとすると申します。（『懺悔録』）

このときの病について、近角は、このように回想する。ルチューという病は、「流注」と表記されるが、身体の内部に発生し、膿みを出し、各所に転移

近角常観

するという、治療困難な腫れ物であるとされる。近角は、やがて仏の光が自らの心奥に届く機縁が熟し、同年九月十七日、回心（えしん）に導かれたと告白する。懺悔（さんげ）は過去に犯した罪悪を、神仏に告白することであるが、近角の場合、この『懺悔録』は、タイトルの示すように、自己の体験を通して、信仰に至る歩みを語るという点において、暁烏の場合と同じく、主体的な立場からの信仰論となっている。その意味で、本書を含めて、『信仰の余瀝（よれき）』、『人生と信仰』、『慈光録』などの一連の著述は、独白録であり、回心録という性格をもっている。そこに近代的な信仰表現の形をみることができる。

清沢は、最新流行の著述として、『宗教管見』、『吾人の宗教』と並び、近角の『信仰の余瀝』を推奨している。『懺悔録』は、一九〇五（明治三十八）年の出版であるが、『精神界』では、この年一月より清沢生前の「在床懺悔録」を連載している。

物語の再生

『懺悔録』は、全般が、回心をテーマにして、自らの煩悶と解決を『涅槃経（ねはんぎょう）』に説かれる阿闍世（あじゃせ）の回心の物語と巧みに重ね合わせて叙述されている。仏典にしばしば登場する阿闍世は、釈尊在世の頃のインドのマガダ国の王で、提婆達（だいばだつ）多（た）に教唆されて、父を幽閉し、死に至らしめたが、やがて後悔と自責の念にかられ、それが影響を及ぼし、身体中に瘡（かさ）（おでき）ができる。そこから出る膿（うみ）は悪臭を発散する。この病いを治そうと、阿闍世は彷徨するが、結局、釈尊へと導かれる。釈尊は、月のような柔らかい光（月愛三昧（がつあいさんまい））でこの阿闍世の傷を癒していく。その結果、阿闍世は、回心するにいたる。そして「我悪知識に遇うて、三世の罪を造作せり。いま仏前に悔ゆ、願わくは後に造ることなからん」(『涅槃経』)と懺悔する。

近角にとって、父殺しの逆悪者である阿闍世が罹った悔熱、そしてその華報として身に受けた瘡は、煩悶の結果、「ルチュー」という難病に罹った自らの上にまさに証しされるものと受けとめられたのである。

ところで、近角に心酔し、『懺悔録』の阿闍世の物語に大きな示唆を受けた精神分析家に古沢平作がいる。古沢は、近角を通して、阿闍世の内面に深い関心を抱いたが、一九三二年に精神分析学者のフロイトと出会い、「罪悪意識の二種」というドイツ語論文をフロイトに提出する。そこで「阿闍世コンプレックス」理論を唱える。古沢は、自己の生命の本源である母が自己を裏切ったことに発する阿闍世の怒りに注意して、フロイトの「エディプス・コンプレックス」と対比して、「阿闍世コンプレックス」の概念を創案する。古沢の阿闍世コンプレックス論は、伝統的な救済宗教から心理療法へ、あるいは救いから癒しへと向かう一つの流れに棹さしたものといえるが、現在では、臨床の場面でも用いられて、広く認知される概念となっている。近角の思想的な影響の一半をここにみることができる。

Ⅱ　「求道学舎」設立

宗教的活動の開始

一八九八（明治三十一）年、東京帝大文科大学哲学科を卒業した近角は、翌年、大日本仏教徒国民同盟の結成に関係し、仏教を公認教にしようとして、『政教時報』を発刊するなど、政教問題に奔走した。一九〇〇～〇二年、東本願寺留学生として池山栄吉らと欧米の宗教界を視察し、一九〇一（明治三十四）年四月ベルリンで「花祭り」を挙行した。発起人は、近角のほか、姉崎正治（あねさきまさはる）、薗田宗恵（そのだしゅうえ）、巌谷小波（いわやさざなみ）、美濃部達吉（みのべたつきち）など十八名。近角が外遊している期間、本郷森川町のその留守宅は、清沢満之の居所として使われ、ここに浩々洞が開かれた。近角が一九〇二（明治三十五）年に帰国すると、浩々洞は東片町に移転し、森川町の近角宅は、「求道学舎（きゅうどうがくしゃ）」として新たに発足し、一九〇四（明治三十七）年、『政教時報』を『求道』と改題し、宗教活動を積極化していった。

近角は、暁烏と同じように、やはり清沢の影響によって『歎異抄』を読むようになった（『歎異鈔講義』）。その『歎異抄』を通して親鸞に学ぶことを中心に開かれたのが求道学舎であった。「求道」の語は、『仏説無量寿経』に「如何（いかん）ぞ道を求めざらん」と出ているように、仏教に問われるところであるが、おそらくその教言に舎名を由来する求道学舎の創設は、明治中期の青年の煩悶状況と見合っている。

近角の願い

大正期に入っても、近角は、若者たちを引きつけた。一九一四（大正三）年に第一高等学校に入学した三木清(みききよし)は、宗教書を愛読し、慰めを得ていたが、とくに親鸞に感銘し、求道学舎で、近角の『歎異抄』講義を聴講した。その他にも、阿部次郎や谷川徹三(てつぞう)などがその若き日、求道学舎に通ったと伝えられる。やがて求道学舎が手狭になったこともあり、一九一五（大正四）年、求道会館が設立された。その発足の願いについて、近角は、

求道会館正面外観
（撮影・堀内広治）

現時社会の大勢を察するに、国民に真摯なる気風すこぶる乏しくして、ますます信仰の必要を感じ、一般に道義の制裁弛(ゆる)み去りて、人皆厳格なる実行を想う。ここに於いてや青年学生にして真面目なるものは、確

実なる信念を攫まんとして胸中幾多の苦悶を抱き、社会実務の人にして、志操清浄なるものは、その理想を実現せんがために、人生問題の解決に辛酸をなめざるはなし。嗚呼(ああ)信仰の飢渇現時の如く劇(はげ)しきはなく、求道の志かくの如く切実なるは未だかつて見ざるところなり。

（「求道会館設立の趣意」『人生と信仰』）

といっている。まさに青年の求道の志に答える形で、この会館は設立され、多くの若者は、『歎異抄』の講義を通して、親鸞の指教を聞いたのである。

求道会館は、近角が、一九四一（昭和十六）年に逝去した後、長い間閉鎖状態にあった。しかしこの会館の建築様式がすぐれていることから、東京都の文化財修復工事の認定を受けて、近年復興された（二〇〇二年六月オープン）。

第三章　親鸞の遺弟として生きる

一　真宗と社会倫理

Ⅰ　明治対外戦争と真俗二諦論

国家への忠誠

幕末から明治にかけて、薩英戦争（一八六三年）、戊辰戦争（一八六八年）、西南戦争（一八七七年）など、「戦争」という名で呼ばれる武力衝突が起こる。明治の日本が経験した対外戦争を代表するのは、日清・日露の両大戦であるが、真宗の各教団は、天皇制国家に対して門末が積極的に奉仕し、一丸となって戦争遂行に協力するようにと呼びかけた。東本願寺教団の場合、国家への忠誠の意志は、一八六八（慶応四／明治元）年一月、厳如（ごんにょ）・現如（げんにょ）が朝廷遵奉（じゅんぽう）の誓書を出し、翌年六月に、天恩奉戴、国政堅守ほか三カ条を門末に通達したころから明確になってくる。それは、廃仏毀釈などの宗難に対して、これまで幕府の庇護のもとにあった宗門が、一転して天皇制国家への忠誠を誓うことによって存亡の危機を乗り切ろうとする方向でもあった。そしてその忠誠への意志は、戦争の勃発に際して、強く表明されることになるのである。

日清戦争開戦の折に、厳如逝去のあと法主となった現如（大谷光瑩、一八五二～一九二三）の名で、

> 苟も帝国の臣民たるもの此時に際し、宜しく義勇君国に奉ずべきは勿論、殊に本宗の門徒に在ては予て教示する処の二諦相依の宗義に遵い、朝家の為御念仏候うべしとの祖訓を服膺し、専心一途報国の忠誠を抽し……。
>
> （『本山事務報告』明治二十七年八月六日）

と通達されている。宗教界は、仏教界はもとよりキリスト教界も開戦とともに戦争を支持する声が高まった。このような戦争支持の声が世間に広まってゆく

なか、真宗は率先して国家の戦争政策を翼賛（よくさん）した。

「朝家の御ため国民のため」

戦争中に発布されたいくつかの垂示は、先の通達にもみられるように、二諦相依・王法為本（おうぼういほん）のイデオロギーとともに、親鸞の「朝家（ちょうか）の御（おん）ため国民のため」（『御消息集』広本・第七通）という言葉を標語として掲げ、報国の忠節を尽くすべきことを門末に勧めている。

この標語は、日露戦争のときにも同じように強調された。宗門は、一九〇四（明治三十七）年二月十日の宣戦布告に呼応して、新門 彰如（しょうにょ）（大谷光演（こうえん）、一八七五～一九四三）の名で、

> 朝家の御為国民の為御念仏諸共に二諦相依の宗義に基く我浄土真宗の門葉は率先して義勇奉公の誠を尽されたい
>
> （『宗報』明治三十七年三月二十日）

と宗門の人々に求めた。また三月二十四日の彼岸会には、新門直命として、

朝家の為国民の為称名念仏の声諸共に特更(ことさら)忠君愛国の誠を尽されたい

（同、四月二十六日）

と門末に呼びかけた。教団内の門徒の多くは、義勇報国の戦意を昂揚させていったが、「朝家の御ため国民のため」という親鸞の文言は、門徒の意識を戦争協力へと結集する格好の標語となった。

Ⅱ　平和的文明への希求

回心以前の清沢

この文言が、回心以前の清沢満之にも言及されたことは注意されよう。日清戦争の前年、一八九三（明治二十六）年七月、清沢は、伊勢神宮に参詣したあと、山田町（現、伊勢市）で演説した。

惟うに朝家の御ためは臣民互に能く相親むを要す。（中略）何事のおわしますかは知らねども、ありがたさにぞ涙こぼるる（中略）余は南無阿弥陀仏の六字に依って神仏を信じたる者故に、神前に拝するも拍手を知らず、只六字の外あるなし。（中略）信教の利、是を約すれば、心正直となり真心より行える人道に合い、良民たるを得ん。

（「信教の利益」『仏教公論』三十五号）

この演説で、清沢は、「朝家の御ため国民のため」という祖語を引き合いに出し、神前念仏を行い、臣民の道を説いている。明らかに、回心以前の彼は、真俗二諦・王法為本の宗門イデオロギーの枠内にあった。

社会ダーウィニズムを超えて

清沢は、やがて自力の迷情の深さを自覚するとともに、力によって物事を解決しようとするスペンサー流の優勝劣敗思想（社会ダーウィニズム）から脱却していくことになる。彼は、自らの手記に、「強者伏弱迭相呑噬（ごうしゃぶくにゃくてつそうどんぜい）は主我主義の結果なり」（「転迷開悟録」）として、生存競争・優勝劣敗思想を批判する。「強者伏弱」云々は、『仏説無量寿経』（下巻）五悪段の第一悪の一節に拠っている。人間界の悲惨な闘争の現実を説いたこの一節を承け、清沢は、その原因が「主我主義の結果なり」と断言する。前章でも若干言及したが、それは、釈尊の根本教説である「無我」の原則を改めて確認するものである。

このような宗教的自覚を獲得した者は、主我主義の否定に立って、無我の道理を生活のなかに生きんとするのである。ここに他力の信心がある。この他力の信心によって、人類に真の共同と平和の文明が実現する。清沢はそう信じた。

> 他力信仰の結果は吾人の同朋に対する同情となり、同情の開展する所は道徳を策進して真正の平和的文明を発達せしむるに至るべきなり。
>
> （「他力信仰の発得」）

他力の信心の中から、人間は、ともにお互いが支え合い、尊敬しあって生きるという「同情」（互助の精神）が生まれる。そしてそこに社会倫理が形成され、「真正の平和的文明」が発達する。これが、他力信仰に開かれる文明の未来像として清沢に描かれたものなのである。

しかし清沢は、この言葉を実践しきらないままに夭折（ようせつ）した。清沢の直門の人々にあっても、先師の指教を受けて「真正の平和的文明」の実現に向けて邁進した例はみられない。

社会関与の仏教

元来、真宗では、蓮如の「ことにほかには王法をもっておもてとし、内心には他力の信心をふかくたくわえて、世間の仁義をもって本とすべし」（『御文』二帖目六通）とあるように、王法為本と仁義為本が説かれてきた。そしてこの二条は、俗諦（ぞくたい）義として近世の真宗に大きく作用してきたが、どこまでも個人道徳の範囲での規矩であり、社会運動につながるような性格のものではなかった。その意味で、社会倫理が問題になったのは、近代に入ってからのことである。

『新仏教』第1巻表紙

社会の中に仏教が果たす役割を説いた運動として、私たちは、新仏教運動を推進した仏教清徒同志会（明治三十一年二月結成）を想起することができる。彼らは、既成教団の腐敗や堕落と訣別し、仏教再生をめざす覚悟を示すために、キリスト教のピューリタンに対応して、「仏教清徒」と称した。仏教清徒同志会を結成した同人たちは、信仰によって社会改革をめざした。この人々は、一衣一鉢で、飄然として独り山林幽谷にこもるような者は、真の仏教者にあらずとして、近代的な批判精神をもって社会の不正を告発した。

この運動は、今日、東アジア仏教諸国で活発に展開されている〝エンゲージド・ブッディズム〟（社会関与の仏教）の先駆けともいうべき意義をもっている。

足尾銅山鉱毒事件や公娼問題について、機関誌『新仏教』（明治三十二年～大正四年）誌上において、境野黄洋、田中治六、高島米峯、加藤玄智、渡辺海旭らは、鋭い論陣を張った。『新仏教』の創刊号は、「我徒の宣言」において、既成仏教を批判し、

1、我徒は、仏教の健全なる信仰を根本義とす。
2、我徒は、健全なる信仰、智識、及道義を振作普及して、社会の根本的改善を力む。
3、我徒は、仏教及び其の他宗教の自由討究を主張す。
4、我徒は、一切迷信の勦絶を期す。
5、我徒は、従来の宗教的制度、及儀式を保持するの必要を認めず。
6、我徒は、総べて政治上の保護干渉を斥く。

（「仏教清徒同志会綱領」）

と宣言し、その立場を明示した。

では、真宗においてこの時期ここに「社会の根本的改善」が言及されていることは注目されよう。そのような社会倫理的な活動はなかったのであろうか。

注意されるのは、例外的ではあるが、草の根レベルにまで入って、同朋精神を生き、平和の実現を願って活動し、ついに悲劇的な最期を遂げた真宗僧侶が実在したことである。高木顕明（けんみょう）（一八六四～一九一四）である。次節では、彼の行跡と志願について振り返ってみたい。

二　高木顕明

Ⅰ　プロフィール

真宗寺院への入寺

高木顕明は、愛知県の真宗大谷派門徒の家庭に生まれたが、縁あって得度し、一八九九（明治三十二）年に和歌山県新宮（しんぐう）市の真宗大谷派浄泉寺（じょうせんじ）の住職となった。浄泉寺は、新宮藩主である水野家から菩提寺同様の扱いを受けてきた寺であるが、門徒に被差別部落の人々を含む、いわゆる包括寺院である。高木は、この寺に入った当初は、部落の人々に強い拒否感をもっていたであろうが、自らの信仰の中でその差別意識を克服し、社会の中で差別されてきた人々を「同朋」として生きていこうとした。それは、あの封建的な鎌倉時代、「い

「新宮グループ」（前列左が高木顕明）

なかのひとびと」を「いし・かわら・つぶてのごとくなるわれら」（『唯信鈔文意』）と呼び、隔てなく人々と睦みあって生活した宗祖親鸞の末徒としての行動であった。

その社会倫理的実践

浄泉寺住職としての高木の行動のなかで、いま、三つの事績に注意してみたい（泉惠機「高木顕明師の事績について」参照）。

1　部落の門徒との共同生活

彼は、寺で寝るよりも部落の門徒の

家で寝食を共にし、また寺の本堂に子供たちを集めて勉強を教え、学用品も買い与え、貧しい人たちからお布施を貰うのは忍びないとして、生活のために按摩を習った。

2　廃娼運動の実践

一九〇五（明治三十八）年、実業家の発案で、新宮に遊郭を設置する動きが起こった。県の議会は、遊郭を設置することにより、莫大な収入が得られるということでこれを承認した。高木は、和歌山県に住む社会主義者やクリスチャンたちとともに、反対運動を起こした。

3　日露戦争への反対

日露戦争が勃発すると、真宗大谷派は率先して協力したが、仏教は、どのような戦争も肯定しないという仏教への信念から、また戦争のための増税が部落の生活を圧迫することになるという強い危惧を感じたことから、非戦運動を行った。

以上のことから、高木は、新宮の仏教会からも孤立し、檀家を離れる門徒も出てきた。無論その人たちは、部落以外の門徒である。このようななかで、彼の心を理解し、協力してくれたのは、社会主義者やクリスチャンであった。彼は、部落の門徒衆の生活に触れるなかで、その生き様のゆえに、近くに住む医師大石誠之助等の社会主義者に接近し、しだいに社会主義的な考えに傾いていった。しかしそのような生き様は、当時国家主義政策を押し進め、社会主義を敵視した桂太郎内閣にとっては不都合なものであった。

大逆事件

一九一〇（明治四十三）年、「大逆事件」がひきおこされた。宮下太吉が爆発物取締罰則違反で逮捕されたのをきっかけにして、幸徳秋水（こうとくしゅうすい）をはじめ、管野すが、大石誠之助らは、共に天皇暗殺を計画したとして罪に問われ、同年十二月二十五日に逮捕された。翌年一月十八日、二十四人が大逆罪により死刑の判決を受けた。そのなかのひとりが高木顕明であった。また国家の動きに連動して、大谷派は、「真俗二諦」「王法為本」を理由に、擯斥処分として、彼の僧籍を剝奪した。近代における大谷派は、北海道開拓・開教から日清・日露の戦争協力に至るまで、各仏教教団を凌ぐ形で実行してきた。このような「報国」の歩みに邁進してきた大谷派にとって、高木の連座は、消し去り得ない汚点を残したものと受け止められたと思われる。

大逆事件は、現在、多くの研究によって、社会主義弾圧のために国家権力の意図によりフレーム・アップされた事件であることが検証されている。翌年、高木は、他の十一名とともに、恩赦という形で無期懲役に減刑されるが、彼は、当然のことながら、無実を信じていたのである。これは高木にとってはまったく受け入れがたいことであった。一九一四（大正三）年六月二十四日、高木は、秋田刑務所で縊死する。

帰依一仏

純粋に信を貫いた高木は、暴圧的な権力に対してあまりにも無防備に行動し、悲劇的な結末を迎えた。その念仏者としての生き方を、私たちは、例外的なものとして、身近な場所から遠くへ追いやってしまうかもしれない。しかし彼自身は、英雄的な行動をとったつもりはなく、ひとりの念仏者として正直に生きようとしたのである。没後かなりの歳月を経たいま、たんなる例外視や英雄視を超えて、改めて高木の生き方に学ぶことは多い。

そのひとつは、帰依一仏・神祇不拝という宗祖親鸞の教誡を忠実に守り抜いたことである。

日露戦争の際、町の各宗寺院は敵国降伏の戦勝祈禱を執行した。しかしＴ・Ｋ（高木顕明）はその仲間に入らなかった。何となれば彼の信ずる宗旨は絶対他力であって、祈禱禁圧は宗門の法度で禁じられているから、彼は真宗の信仰を堅く守った。これがために彼は各宗の僧侶から国賊視せられた。戦終って各宗寺院は二千余円の金を集めて、戦勝記念碑を建てようとした。Ｔ・Ｋは又その運動に反対した。弥陀一体のほか私には礼拝すべきものがない。記念碑を建ててその金文字にお経を読んで何になるかという論法は再び各宗寺院の怒りを買うに到った。

（「平出修宛沖野岩三郎書簡」）

新宮市内の各宗寺院は、戦勝祈禱会を行ったが、高木は、真宗では祈禱をすることは祖意に反すると、これを拒否した。宗門全体が、国家の体制に順応していったなか、高木は、承元の法難の、「あの首のとぶような念仏」（米田富）を身をもって証したのである。

同朋の精神

浄泉寺の檀信徒のなかには、被差別部落に居住する人たちがいた。そのため各宗寺院には、高木の寺を蔑視する僧侶たちも少なくなかった。しかし高木は、部落の子どもたちを集め、寺子屋のような勉学の支援を行った。堕落した僧侶たちとは違う、まさに鶏群中の一鶴の姿を示した。

このお寺の檀徒は貧しい人ばかりであった。高木和尚さんはお布施を貰うのが気の毒だといって、お布施をとらなかった。そして、お寺の自活をするために、高木さんは按摩を習った。そして私の寺へもその按摩をしに来られたことがあった。（若林芳樹「柔和な人」）

思い起こせば、親鸞は、流罪を通して、民衆の現実に触れた。文化からも経済からも疎外された辺境の越後に生きる民衆の生活は、まさに「業報（ごうほう）に喘（あえ）ぐ」

（西光万吉（さいこうまんきち））としかいいようのないものであったが、そのようななかで親鸞は、生きる力として念仏を伝道した。明治は、繁栄の陰に深い闇を抱えていた。松原岩五郎の『最暗黒の東京』（明治二十六年）、あるいは横山源之助の『日本の下層社会』（明治三十一年）は、当時の社会の闇を鋭く、リアルに描いている。そんな社会の苦悩を受けて、高木は、親鸞の遺弟として時代の一隅に生きようとしたのである。

高木顕明顕彰碑

高木の復権

私たちは、長い間、高木が、真宗の教えに従って生き、また死んだ人であるということを忘れていた。彼の名誉回復は、関係者の手によって近年ようやく行われた。真宗大谷派は、一九九六（平成八）年四月一日、全戦没者追弔法要において、故高木顕明に対する「住職差免（さめん）」「擯斥」処分の取り消し、復権を行い、ゆかりの地である新宮市には顕彰碑が建立された。また浄泉寺では、例年、「高木顕明師を想う集い　遠松忌（えんしょうき）」が勤修されている。

三　「余が社会主義」

Ⅰ　同朋社会の顕現を願って

社会主義への接近

高木顕明は、大逆事件の犯人として出廷するに先立って、証人調べとして、一九一〇（明治四十三）年六月二十八日に予審廷で執られた記録のなかで、つぎのように述べている。

私は明治三十七年十月「余が社会主義」と題する論文を書いてみましたが、それは私の仏教家としての立場から論じたもので、当時はまだ純粋な社会主義者ではありませんでした。三十七年の戦役のとき幸徳秋水、堺枯川(せん)、内村鑑三などが非戦論を主張して『万朝報(よろずちょうほう)』から分離しました。……それで私も自然に非戦論に傾くようになり、社会主義に関する新聞雑誌を購読し、同主義の研究をはじめたのです。（「予審第一回」）

高木の非戦平和の思想は、観念的理想主義の立場から出たのではなく、さまざまな思想的影響のもとに育まれたものであった。この調書には、高木が仏教家から社会主義者へと転身したかのように記されているが、はたして彼は、仏教者としての立場を捨てたのであろうか。最後まで帰依一仏の精神を堅持したのではないか。この調書には、高木を「純粋な社会主義者」に仕立てようとする取調官の作為があったのではないかとすら思われる。

清沢満之は、「仏教は一種の社会主義を包有す」（「転迷開悟録」）と大乗仏教的立場から、社会主義に一定の理解をもっていた。そのことは仏教者としては例外的であった（船山信一「明治仏教と社会主義思想」）。それゆえであろうか、一九〇三（明治三十六）年六月六日の清沢の死に際し、これを悼んで、『平民新聞』

は、

　精神界、噫是れ清沢満之氏の遺業也。多く俗界に知られずして逝きたる宗教界の此の一人傑が、如何に清冽なる噴泉を社会の一隅に遺して、人心洗滌の用を為さしむるかを思い、吾人は常に此の雑誌に対して敬愛の念を絶たざる者なり。

と論評した。『平民新聞』は、『万朝報』が主戦論に傾いたことにより、非戦論の立場から、社会主義者の幸徳秋水、堺利彦（枯川）らが退社して創刊した新聞である。社会主義の初期段階では、社会主義と宗教は引き合う面もあった。高木は、この段階で、社会主義に接近していったのである。

論述の概要

ところで「予審調書」で言及されているように、高木は、日露戦争中の一九〇四（明治三十七）年、「余が社会主義」という短い論稿を「遠松」のペンネームで書いている。草稿であるため読みにくい箇所もあるが、この中で、自分の社会主義は、社会科学から出たものでなく、心霊上の社会主義だと穏健に規定している。そして社会主義を信仰の内容と対象に分け、信仰対象を教義・人師・社会の三つに区分する。（1）教義としては、阿弥陀仏を絶対平等の慈悲とみて、生存競争を否定し、非戦論を説く。（2）人師としては、釈迦を霊界の社会主義者とし、親鸞を同朋同行観をとる平民の味方だとしている。（3）社会としては、極楽は「仏心は大慈悲これなり」の社会主義の実践場と考え、非戦論を展開する。

他方、社会主義の内容としては、第一に、貧富懸隔のある現世を濁世（じょくせ）とみて、仏国土の真世にこそ平和と幸福がある。第二に、その実践として、権力・

富力を否定し、慈悲を体認しながら共同生活を営むことにあるとしている。そして、結論で、親鸞の『御消息集』の「朝家のため国民のため」という一節に触れ、これを平和への福音とみて、平和こそ真諦（しんたい）にかなう途だと結ぶ。この論稿には、親鸞の思想に基く同朋社会顕現への祈りが底流している。

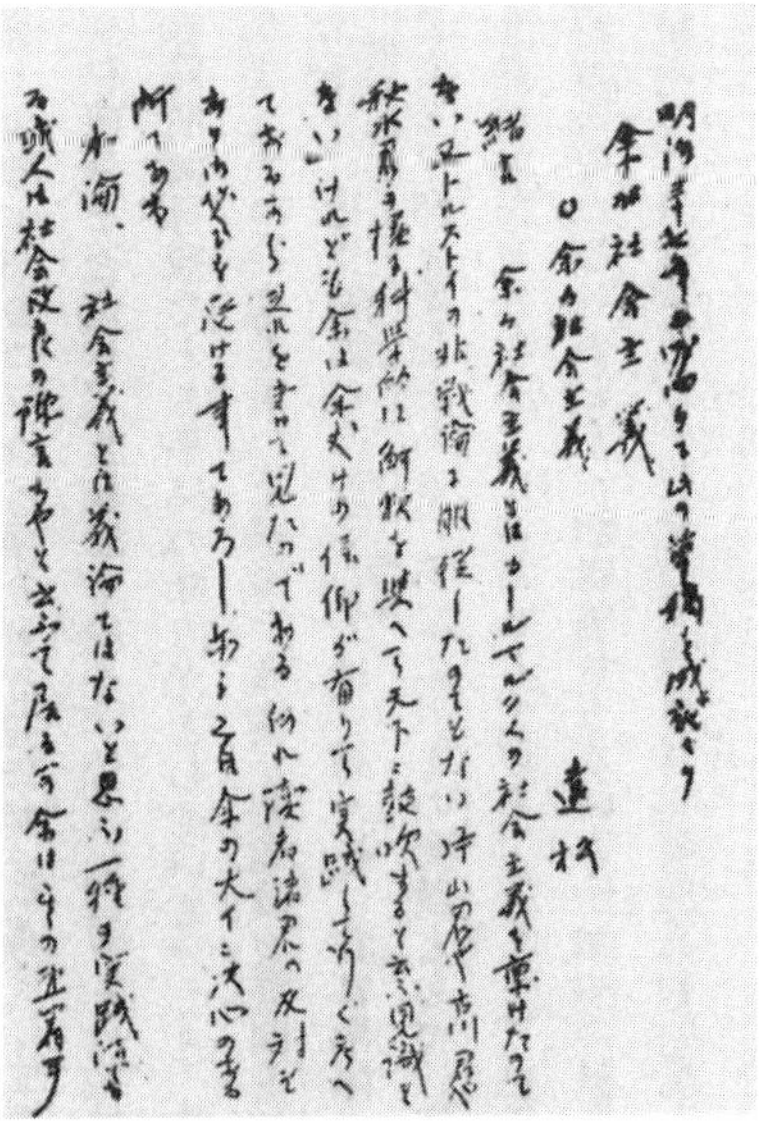
余が社会主義
遠松

「余が社会主義」（『大逆事件記録第二巻　証拠物写』世界文庫）

精神主義の影

「余が社会主義」を執筆した高木の立場は、同時代の真宗とどのように関わっていたのだろうか。新宮という地理的な理由があったのかもしれないが、当時活躍していた真宗の僧侶たちとの交流は伝えられていない。とりわけ清沢が唱道した精神主義の立場とは何ら関係がなかったようにみえる。

高木が、『精神界』の諸論に触れたかどうかは確かではないが、「余が社会主義」を通して読むと、「社会の改良は先ず心霊上より進みたいと思う」「詮ずる処、余は、南無阿弥陀仏は、平等の救済や平等の幸福や平和や安慰やを意味していると思う」「彼（親鸞）は、実に平民に同情厚きのみならず、確かに心霊界の平等生活を成したる社会主義者であろう」「厭世的の煩悶を去りて楽天的の境界に到達したのであろう」「生存競争の念を離れ共同生活のために奮励せよ」、などの語がみえる。清沢的言説に近いその言葉づかいに、私は、精神主義の何らかの影を感ぜずにはいられない。おそらく高木は、間接的な形で、精神主義の思想を知っていたのであろう。

「朝家の御ため国民のため」再考

いまひとつ注目されるのは、本稿がつぎの言葉で結ばれていることである。すなわちその末尾で、高木は、

御消息集四丁の右上略「詮じ候処御身に限らず念仏申さん人々は我が御身の料は思召さずとも朝家の御為国民のため念仏申し合せ給い候わば目出度う候べし……」已上。

嗚呼疑心闇鬼を生ずである。如上の文は平和の福音なるを人誤ってラッ

パの攻め声と聞きたるか。或は陣鐘（じんがね）太鼓の声なるを予が誤りて平和の教示なりと聞きたるか。読者諸君の御裁決に任すとせん。

しかし余は幸なり。ラッパも陣鐘も平和の福音と聞けばなり。多謝々々南無阿弥陀仏。

（「余が社会主義」）

と記している。彼は、宗門がその垂示のなかで『御消息集』（広本・第七通）の「朝家の御ため」という文言を、義勇君国の掛け声として利用したのとは正反対に、この文言を平和への祈りの声と聞き、これを戦争への掛け声に使った宗門と逆の立場に立った。このことは、『御消息集』の片言隻語（へんげんせきご）について、恣意ではなく、親鸞思想全体の文脈を通して理解しようという、高木の姿勢を示している。この高木の了解は、これを反語と捉える後代の服部之総の『親鸞ノート』の解釈とは異なっているが、むしろ無理がないように思われる（堀口節子「親鸞消息理解の再検討――親鸞から性信へ　そして高木顕明・木下尚江へ」参照）。

第四章　親鸞教学の開顕

一　明治から大正へ

I　守旧と近代の狭間で

真宗大学の移西

すでに第一章（「三　『精神界』」の項）で触れたように、清沢満之（きよざわまんし）は、一九〇一（明治三十四）年十月、真宗大学が東京の巣鴨に移転したのに伴い、学監（学長）に就任し、大いなる抱負をもって、新都東京に、「浄土真宗の学場」（「開校の辞」）を開く。これについて、「この大学は世界第一の仏教大学たらしめざるべからず。他日欧米より仏教を学ばんがために日本に留学するものあらば、必ずまず真宗大学に来るべし」とその遠大な理想を語ったのであった。

しかしその没後、清沢の大学構想は頓挫するに至る。すなわち、「巣鴨真宗大学が創立して以来十一ヶ年、最初清沢満之君の熱誠によりて校規も定まり、学風も樹立せられて、私らは大いにその将来を嘱目していた」（南条文雄『懐旧録』）その矢先、真宗大学は、その高遠な志願を否定される形で、京都へ引き戻されることになるのである。

一九一一（明治四十四）年八月、本山議制局会議は、東京の真宗大学および京都の高倉大学寮を合し、新たに京都に真宗大谷大学を設置する学制案を通過させる。この時期、なぜせっかく東京に開いた真宗大学をわずか十年ほどで「移西」することにしたのか。

真宗大学移西の背景には、宗門の複雑な事情があった。移西の第一の理由として、宗門の財政負担の大きさが挙げられたのは当然であった。しかし端的にいえば、本山当局が、宗門の最高学府である真宗大学を、眼の届くように本山の膝元に置き、大学に陰に陽に容喙したいという意図があったことは否定できない（大谷瑩亮「学校条例案提出の理由」『宗報』第百二十号）。このような宗門当局の決断を大きく左右したのは、高倉大学寮の守旧的な一派である。

「学寮派の見解によれば、真宗大学を東京におくことは一宗安心（あんじん）の統一上、おもしろからぬ結果を生ずる」（『懐旧録』）という議論があった。いま、これらを通して「移西」の背景に見えてくるもの、それは本山当局と高倉大学寮の内部に牢固としてある教権中心主義である。この教権主義との対決は、宗門大学が長く抱えてきた問題であった。

こうして九月、文部大臣の認可を得て、真宗大学を京都に移転、真宗大谷大学と改称、学制を変更、また文部大臣の認可を経て高倉大学寮を廃止し、これを真宗大谷大学に併合した。

学の解放を求めて

問題は教授陣であった。かつて清沢満之は、巣鴨真宗大学学監を引き受けるにあたり、本山当局に「教育上の方針、学科の編成等、教育に関する全体を一任して容喙せざること」をいくつかの条件のひとつとして出した（『教学報知』

明治三十二年八月十五日付）。この条件がどの程度の実効性があったか確かではないが、斎藤唯信、上杉文秀、河野法雲、吉田賢龍、朝永三十郎、紀平正美などの教授のほか、多田鼎、佐々木月樵、楠　龍造、曾我量深、近藤純悟などを予科講師に据えた、旧真宗大学教授陣の多彩な顔ぶれをみても、その自由な雰囲気がうかがわれる。ところがいま真宗大谷大学の出発に当たって、本山当局は、宗乗・余乗、すなわち宗学および仏教学の教員を旧高倉大学寮系の講師たち一色で固め、旧真宗大学の浩々洞系の教員に入る余地を与えなかったのである。このような閉塞した環境のなかで、巣鴨の自由清新な気風に育まれ、宗門の事情で京都への転校を余儀なくされた学徒の心は、低気圧に覆われ、いつ爆発するかもしれない状況となった。

現真宗大谷大学教授諸師中の数師に看る、不幸にして吾等の信念と智識の要求とを一も満足を与うるものあるなし。或は時運の趨勢を察せずして、いたずらに古典の穿鑿に没頭せしめ、甚だしきは痛切にして真摯なる求道心を抑圧し、かくて吾等研究の精神を涸渇せしめ、道念の根茎を迷わしむ……。

一九一二（明治四十五）年二月十一日、真宗大谷大学学生四十一名は、右のような「宣言書」を採択し、吉谷覚寿ら旧高倉大学寮系教員六名の退陣を要求して同盟休校に入った。学生が求めたものは、教権主義からの学の解放であった。これに対して大学当局は、三月一日、学生二百一名の退学処分を決定した。

時機相応（時代と機根の関係が適合すること）は、教学の本義である。時運の趨勢を察せよと説く学生には、大学の現実に対する鋭い危機意識が流れていた。ときあたかも石川啄木は、日露戦争後の苦悩状況を「時代閉塞」と呼び、国家強権からの人間の解放を求めて、「時代閉塞の現状」を著わしたが、宗門強権からの学の解放を求めて「宣言書」を草した学生には、啄木にも通ずる心情がみられよう。時代は大正を目前とし、リベラリズムやデモクラシーを求める気運が一段と漲りつつあった。

『教行信証』の公開

一九一三（大正二）年二月、山辺習学、赤沼智善著の『教行信証講義』第一巻が、浩々洞出版部の無我山房から発刊される。本書は、『教行信証』の講解書として、画期的な意義をもち、いまも多くの読者を擁している。現在、『教行信証』は、広く公開され、誰でも手に取って読むことができるが、近世には、本書は、一派の宝典として、会読（仲間うちで読み合うこと）という形で行われ、高倉学寮でも直接講義されることはなく、『浄土文類聚鈔』や『教行信証大意』がテキストとされた。そういう意味で、『教行信証』は、近世の宗門においては「非公開の書」であった。本書（『講義』）の冒頭に、「『教行信証』拝読の古実方軌」という一章がある。本章の中で、「『教行信証』は、学解智弁の産物ではなくて、醇乎として醇なる信仰上の産物である。（中略）今や機会は来た。私共は覚悟をした。罪はこれを荷う。責罰はこれを受ける」と断固たる筆致で述べられている。教権主義が強い時代、真宗大谷大学の研究科を出た若き山辺・赤沼が、固陋な宗学者たちから〝君等のような駆け出しの者が御本典をそのように軽々に扱うとは何事か、異安心ではないか〟、と非難されることは、充分に予想されたが、それにもかかわらず、二人が、「罪はこれを荷う。責罰はこれを受ける」と、大きな使命感をもって本書を著わしたことが想われるのである。私は、ここに旧来の宗学が新しく真宗学へと転換していくひとつの時代の流れをみる。

Ⅱ　浩々洞の動向

「凋落」、あるいは「動転」

浩々洞の洞人・学徒たちは、その後どうなったであろうか。先師のもとに自らの信を形成した者は、時として、その遺徳の庇護の下にあった安寧の時からやがて信の動揺の時を迎える。清沢満之七回忌の頃、浩々洞の洞人には、一切の事柄に如来の慈光を感恩する恩寵（おんちょう）主義の信仰が高潮した。

その恩寵信仰の極みを、暁烏敏（あけがらすはや）は、「罪悪も如来の恩寵なり」（『精神界』明治四十二年五月）と語った。しかし暁烏は、肺結核に倒れた妻房子の看病のなかで、一味平等の如来の救済を味得する恩寵の信仰に酔うことができなくなる。「かくして私は凋落（ちょうらく）してゆく乎」（同、大正二年二月）は、妻の病に始まる信の動揺を「凋落」の二字に納めて記した告白である。

浩々洞三羽烏左から佐々木月樵、多田鼎、暁烏敏（大谷大学蔵）

同じ時期、浩々洞の三羽烏のひとり多田鼎は、信仰問題について、藤原鉄乗、清水俊英ら洞後輩と衝突し、伝道の旅中、幾度も信仰の核心を見失う。念仏を申しても何の啓示もなく、思案に尽き果て、身動きもできず、あるとは痙攣が起こり、身に震動を覚え、気がおかしくなる寸前にまでゆく。「私は此の如く動転せり」（同、大正三年九月）は、その心の内を吐露したものである。本稿で、多田は、如来の恩寵を説明しようという論証的要求が破綻した事実を「動転」の二字に納めて告白している。

再出発に向かって

自らの「凋落」に直面した暁烏は、大正四年、浩々洞を去り、以後根拠地を生地加賀松任の北安田（明達寺）と定めるが、やがて恩寵の信は、自覚の信へと転回する。その精神的転回の記念碑が、『更生の前後』、『独立者の宣言』、『前進する者』のいわゆる「更生の三部作」である。その自覚の信は、さらに『仏説無量寿経』の「汝自当知」（「汝自ら当に知るべし」：世自在王仏が法蔵比丘にかけた言葉）の一句との出会いに証誠されることになる。ここに暁烏は、親鸞の他力の信が主体道であることを身証するのである。

一方、信仰に「動転」をきたした多田は、ふと「わが名をとなえよ」との仰せに気がつき、称名念仏の一道に帰ってゆく。「願わくは我が昨非を語らしめよ」（『精神界』大正三年十一月）は、多田の第二の回心を語る表白であるとともに、精神主義への訣別の辞ともみることができる。

このような経緯を経て、一九一五（大正四）年四月、暁烏は、浩々洞代表者を、また多田は、『精神界』編集主任を辞し、出洞する。しかしこのころ離洞した者は、この二人にかぎらなかった。さきの一九一一（明治四十四）年九月には、東京の真宗大学廃校に伴い、曾我量深は、教授を辞任して帰郷し、以後六年間新潟に在住する。同じく和田龍造、佐々木月樵も、真宗大谷大学教授を辞任し、帰坊する。

以上のように、浩々洞の洞人たちは、信の葛藤、あるいは真宗大学廃校を契機として、帰郷する者が少なくなかった。この中央から地方への離脱は、当時『田園の憂鬱』を著わした佐藤春夫、自然主義の論客で、新潟に帰った相馬御風の場合にもみられたのである。浩々洞の洞人の中には、自らの信のあり方を捉え直すべく、地方へ帰る者が多く現れるが、明治から大正にかけて、それぞれが、それぞれの場で再出発することになる。

二　曾我量深――「地上の救主」

Ⅰ　教学への問い

若き曾我の研究課題

暁烏と多田の離洞後、『精神界』の編集を担当したのは、曾我量深と金子大榮である。一九一五（大正四）年四月、暁烏の帰郷にともない、佐々木月樵、多田鼎は、浩々洞解散、ならびに『精神界』廃刊を決め、多田が終刊の辞を草するが、関根仁応、月見覚了の二先輩が調停に入り、金子大榮の編集主任が委託された。が、金子は翌年、真宗大谷大学教授に就任して、離洞し、その結果、曾我が終刊（大正八年三月）まで、『精神界』編集の任に就く。

真宗大学研究院を修了した曾我は、一九〇二（明治三十五）年一月、真宗大

曾我量深

学の教壇に立ち、因明（仏教論理学）を担当した。当初曾我は、真宗大学の機関誌『無尽燈』に「明治三十四年に感謝す」、「精神主義」など五編を発表して浩々洞の精神主義を批判した。当時、精神主義に対する論難が盛んであった。一九〇二年二月二十四日、上野精養軒で開かれた仏教徒懇話会での席上、スピーチを求められた清沢は、「我々が精神主義を唱えて、諸方の高教誡に感謝の至に堪えぬことであるけれども、我々は何等をも主張するのでなく、唯自己の罪悪と無能とを懺悔して、如来の御前にひれふすばかりである。要は慙愧の表白に外ならぬ」と述べた。若き曾我は、この告白を目のあたりにして、その森厳なる面容を髣髴として忘れることができないといい、清沢を「自己を弁護せざる人」と呼んだ。このような清沢の仏者としての誠実な態度に感動したこともその一因となり、曾我は、やがて一九〇三（明治三十六）年三月、清沢帰郷後の浩々洞に入洞した。これについて曾我は、「疑謗による逆縁」と後に振り返っている。このようにして、曾我は、暁烏、多田、佐々木とともに浩々洞の四天王と呼ばれるにいたる。

曾我が上京した頃、時代思潮のひとつとして問題になっていたのは、「自我実現説」（self-realizatior）であった。その主導的地位にあった人が高山樗牛（ちょぎゅう）である。樗牛は、十九世紀の文明に反抗したニーチェに傾倒し、ニーチェ主義的個人主義に立脚した樗牛イズムを説くが、やがて日蓮がその「信念」によって生きる姿に感銘し、「日蓮上人とは如何なる人ぞ」（明治三十五年）を発表し、逆境を乗り越え、信念に生き、「我は上行（じょうぎょう）菩薩なり」と叫んだ日蓮を讃える。樗牛に示唆を受けたものと思われるが、曾我は、日蓮の遺文集を読み込み、一九〇四（明治三十七）年から『精神界』に「日蓮論」を連載する。曾我は、『法華経』に説かれる「地涌（じゆ）の菩薩」に魅了される。この地涌の菩薩に照らされて、彼は、『大経』(『仏説無量寿経』)の法蔵菩薩の意義を深く尋ねずにいられなくなる。

また信念によって、苦難の人生を力強く行き切った先師清沢の生涯は、彼に生ける法蔵菩薩を仰がしめた。重い結核に罹り、自らを「臘扇」(無用者)と呼んだ清沢は、他力の宗教的信念に生かされて、主体性の危機を突破した。若き曾我は、真宗大学入学以来、その清沢に身近に接する機会をもった。これは、彼の、その後の思想的営為に決定的な影響を及ぼすことになる。

近世宗学のなかの法蔵菩薩

曾我は、清沢の厳粛な信仰生活に深い感銘を受ける一方、「我は上行菩薩なり」と叫ぶ日蓮に大きな関心を寄せた。『大経』と『法華経』、親鸞と日蓮、そして清沢満之。曾我の法蔵菩薩への問いかけの背景には、この二つの思潮が映発している。

後年、曾我は、東京の大谷会館で催されたその米寿記念の講演において、

法蔵菩薩ということにつきましては、明治時代なんかには、そういうことには触れないのが安全だというようなことになっていた。ただ阿弥陀如来さまと言い、仏さまのお慈悲と言うだけであって、本願というような言葉でも、明治時代には大体年の若い方々は使わなかったんですよ。

（「法蔵菩薩」）

と述懐している。近世の宗学においては、『大経』所説の法蔵菩薩の意義について、教学の主題として論究されることはほとんどなく、阿弥陀仏の前身として、神話的に受け入れられているにすぎなかった。ところが曾我は、そのようにみなされていた法蔵菩薩の存在を、神話的存在としてではなく、生身の存在として、現実的なところに引き寄せて解釈した。曾我には幅広い教学上の探求があったのであるが、浄土真宗の根本的自覚として、法蔵菩薩の意義を明らか

にしたことが、第一に記憶される。

Ⅱ　法蔵菩薩の感得

感得のプロセス

曾我が、最初に法蔵菩薩という課題を教学研究のテーマとして取り上げた論文が、一九一三（大正二）年七月に『精神界』に発表された「地上の救主─法蔵菩薩出現の意義」という稿である。これは、法蔵菩薩をフィクションとしてではなく、生身の存在として、我が身の上に感得するものであった。

私は、昨年七月上旬、高田の金子君の所に於て、「如来は我なり」の一句を感得し、次で八月下旬、加賀の暁烏君の所に於て、「如来我となりて我を救い給う」の一句を回向していただいた。遂に十月頃「如来我となるとは、法蔵菩薩降誕のことなり」と云うことに気付かせてもらいました。（中略）法蔵菩薩とは何ぞや。他でもない、如来を念ずる所の帰命の信念の主体がそれである。

（「地上の救主―法蔵菩薩出現の意義」）

「如来は我なり」ということの端的なことばは、新潟県高田（現、上越市）の金子大榮の自坊・最賢寺で感得されたものである。それから一カ月半ほど経って、今度は石川県松任（現、白山市）の暁烏敏の自坊・明達寺で、「如来我となりて我を救い給う」と直感し、さらにしばらくして、「如来我となるとは、法蔵菩薩降誕のことなり」と覚ったという。そして法蔵菩薩とは、「如来を念ずる所の帰命の信念の主体がそれである」と明言する。

仏教は、「無我」を説くから、「如来は我なり」との言葉は、奇異に聞こえるかもしれない。しかし私たちは、仏教が、無我を説きつつも、一貫して自己を求めよ、と説いていることを看過してはならない。このような自己こそ本来的自己であり、本来の主体である。真実の我である如来は、我執的存在である「我」のうえに到来し、ここにおいて、私は、我執的自己から本来的自己へと転換する。その事実が、「如来我となりて我を救い給う」の一句に含意される。『仏説無量寿経』は、本願の発起者を法蔵という名をもって説く。このような本願の現前を、「如来我となるとは、法蔵菩薩降誕のことなり」という。ここに、法蔵菩薩とは、「如来を念ずる帰命の信念の主体である」と押さえられるのである。

二元論を超えて

以上のことから了解されるように、曾我は、法蔵菩薩を根源的な我、一心帰命の信心の主体であると喝破した。曾我のことばで注意すべきことは、法蔵菩薩は帰命の対象ではなく、帰命の主体であると言われていることである。因位(いんに)法蔵を自己の信念のうえに具体的にみるのである。ここに「生ける法蔵菩薩」

曾我量深著『地上の救主』『救済と自証』、左は金子大榮著『仏教概論』『真宗学序説』（大谷大学蔵）

が再発見される。近世以来、浄土真宗の信仰は、天上の阿弥陀仏による地上の衆生の救済という構図で捉えられてきた。ここにおいては、阿弥陀仏と衆生の関係は、二元論的なものになる。それゆえに信仰は、恩寵主義に陥った。伝統宗学のもつ問題点はそこにあった。しかし仏教は、元来、目覚めの教え、自覚自証の道である。浄土真宗も例外ではない。

果上（かじょう）の阿弥陀仏のみを問題にするから、恩寵的信仰に陥るのである。曾我が因位法蔵を「地上の救主」と呼んだのは、浄土真宗の救済が、天降（てんこう）の如来による恩寵的救済ではなく、自覚による救済であることを意味するものである。ここに法蔵菩薩は、神話的存在としてではなく、現実的な意義をもつ存在として再解釈される。

誠に五劫思惟の願行と云うも、十劫の成仏と云うも、皆大現在の信の一念中に摂められて仕舞う。法蔵菩薩は昔の神話ではない、現在の信の事実である。

（「地上の救主―法蔵菩薩出現の意義」）

曠劫（こうごう）の昔の法蔵菩薩ではなく、私の現在の身のうえに生きてはたらく法蔵菩薩がここに語られる。このような法蔵菩薩の非神話化あるいは脱神話化、すなわち信仰的現実への奪還は、近代の真宗教学の新しい出発を物語るものであった。

三　金子大榮──「真宗学序説」

Ⅰ　精神主義の継承

思想的出発

金子大榮は、一九〇一（明治三十四）年、その創立の年に、真宗大学本科に進んだ。初代学監の清沢は、創学にあたり、真宗大学が、一般的な学問の精神、知的要求の満足をもっては尽くせない根源的な学びの場であることを期待した。もちろん大学は、学問の府であるから、そこに知的な活動が重視されることはいうまでもないが、清沢は、大学の構成員の一人ひとりが、親鸞のあの強烈な求道精神、学仏道の精神のなかに生きることを願ったのである。

大学の存立基盤であるその学道の精神を若き金子は吸収した。彼は、清沢から直接警策を受けることはなかったが、真宗大学で師の謦咳に接することができたと述懐している。とりわけ清沢の没後、浩々洞の人々と信仰の交わりを深め、一九一五（大正四）年五月から暁烏敏の後任として、二年間、『精神界』の編集を担当した。そのことは、彼を清沢門下として位置づける大きな契機となった。

またこれと同時に、金子の生涯において、曾我量深との交流は、最も大きなできごとであった。曾我なくして、金子の歩みはなかったと思われる。曾我との値遇の意義について、彼は、曾我の還暦記念講演「親鸞の仏教史観」（昭和十年五月）の挨拶のなかで、

若し先生がお出でにならなかったならば、吾々は本当に仏教と云うものを理解することが出来たかどうか、本当に浄土真宗と云うものを自分の身に著けることが出来たかどうかと云うことを思ってみますと云うと、若し今

日生れ合せなかったならば、恐らく私共は此長い間の仏教の本当の伝統の精神を唯因襲のままで受け取って居るか、或はどうしても受け取ることが出来なくて迷うて居るか、どちらかに終ったであろうと思うのでありま す。それが仏祖の精神と云うものを本当に其一分でも受け取ることが出来るようになったと云うことは、これは何と申しましても先生が出られました同じ時代に生れた所の私共の幸福でありましょう。

と述べ、自らを、釈尊の教説を聞く仏弟子阿難（あなん）の位置において、曾我の指教を聴く心構えについて語っている。ともに越後出身であり、曾我が真宗大学研究院に在籍している頃、彼は、本科一年に学んでいた。以来七十年にわたって、信仰上・思想上の交流を深めた。

往復書簡の記録である『両眼人（りょうげんにん）』に明らかなように、二人の交わりには外からは想像もつかない厳しい面もあったのではないかと推察される。金子は、生涯、曾我を兄として慕い、また曾我は金子を弟をみるようなまなざしをもって接していった。金子の教学を特徴づけるのは、「聞思（もんし）」ということに尽きようが、それは、曾我という先輩をもったことと深い関係がある。金子の教学は、一面、曾我への応答であると思われる。

時代相応の教学を求めて

金子は、仏教は清沢に、真宗学は曾我に学んだと、その最晩年に語り、そのような大谷大学の学風のなかに育てられたことは、この上ない幸せであり、また光栄とするところである、と話した（松原祐善「現生不退論」）。彼は、清沢に師事し、曾我に兄事することを通して、真宗教学者の自覚を深めていった。

金子大榮の教学は、仏教全体にわたる広い地盤と近代人の発想の上に立っている。これまで訓詁の学、宗門御用の学と位置づけられてきた封建期の真宗教学（宗学）は、近代の到来とともに、仏教全体のなかから、また近代西洋思想のなかから再吟味される必要があった。その再検討なしには、真宗教学は、近代人の知性と苦悩に対応しうる時機相応の教学として新生しえなかった。彼の真宗教学者としての仕事は、この二つの課題を担って、新たな真宗教学を構築することにあった。その意味において、一九一五（大正四）年に公刊された『真宗の教義及其歴史』は、金子の処女作であるばかりではなく、浄土真宗という言葉で確認された仏教を、新しい思想表現をもって明らかにしたという大きな意義をもっている。ここには、いかにも瑞々しい時代の息吹が感じられる。

金子大榮

また一九一六（大正五）年に、佐々木月樵の懇請により、真宗大谷大学教授に迎えられ、華厳学および仏教概論を講じ、以後、新しい視点に立って、仏教研究に新境地を開いたが、一九一九（大正八）年に刊行された『仏教概論』は、その名を宗教界・思想界に知らしめる端緒となった。第一篇教相学、第二篇教理学、第三篇修道学より構成された本書は、「誠に帰依の心こそ仏教研究の精神である」という序論のことばに明らかなように、『八宗綱要』（鎌倉時代の華厳宗の凝然（ぎようねん）が著わした仏教概説書）に代表されるような教義の紹介という伝統的方法、あるいは仏教思想の客観的叙述という近代西洋の方法とも一線を画して、その基礎に主体的な方法を据えている。そこに近代の仏教研究の成果を踏まえながらも、学仏道を根本精神とするという清沢以来の内観の伝統が保持されている。

Ⅱ　宗学から真宗学へ

真宗学の基礎づけ

すでに本願寺派の前田慧雲（えうん）（一八五七～一九三〇）は、その論文「宗学研究法に就いて」（『六条学報』6、一九〇一年）において、旧来の宗学の方法を批判し、歴史実証主義と自由討究に立って、宗学が近代の学として新しい形に脱皮しなければならないと提案した。小稿とはいえ、本論文は近世宗学に対する全面的な批判として、先駆的な意義がある。これにやや遅れて、金子は、一方で精神主義の薫陶を受け、他方で西洋の近代的な学問方法からの刺激を受けながら、真宗学を旧来の「宗門御用の学」の位置から「仏道の学」へと独立させていく。すなわち宗学から真宗学へと歩を進める。

真宗学という名称は、大谷大学第三代学長佐々木月樵が、カリキュラムのな

かに用いたのを嚆矢(こうし)とする。佐々木は、

今その真宗学と人文科の名は、大正七年初めて本学々科及びその課程に使用した所の新名目である。予は殊に此の真宗学の名が、何日とはなしに数年ならずして早く世間一般に通用さるることとなりしを悦ぶものである。

（「大谷大学樹立の精神」）

と述べている。

一九二二（大正十一）年十一月、大谷大学が単科大学へ昇格するにあたって催された記念講演で、金子は、学としての真宗学の基礎づけを試み、「真宗学序説」と題して話した。当時、文教関係の役人、あるいは世間からは、真宗学に対して、「真宗という宗旨は念仏を称えてお浄土へ参る、ただそれだけである。それだけの宗旨に、果たして学問などする必要があるのであろうか」、「真宗学というようなことが果たして成立するであろうか」という疑問が呈せられ

ていた。これにあたかも応えるような形で行われたのが本講演である。金子は、真宗学の対象と方法を検討し、宗学（宗乗）という近世教学が真宗学という名で近代的な学へといかに脱皮するかという課題を明らかにした。

真宗学の対象と方法

「真宗学序説」は、古い宗学が新しく真宗学という名称で学界に登場する機縁となった歴史的意義を担った講演であるが、この中で彼は、真宗の学問の対象を、『教行信証』「行巻」の語例に倣って、「大聖の真言」、学問の方法を「大祖の解釈」といっている。

真宗研究には、科学的研究あり、人文学的研究あり、歴史的研究あり、と多様であるが、諸学とはちがった「純粋真宗学」が、ここに明らかにされる。学問が真理を対象とすることは申すまでもないが、金子によれば、真宗学がその研究の対象にする真理は、科学的真理でも客観的真理でもなく、宗教的真理、

『真宗学序説』（文栄堂刊）

すなわち宗祖親鸞によって「大聖の真言」と呼ばれた『仏説無量寿経』における釈尊の指教を究極的真理とするのであるという。また、真宗学の方法について、「大祖の解釈」であるという。真宗伝灯の聖者である三国七高僧（インドの龍樹・天親、中国の曇鸞・道綽・善導、そして日本の源信・源空）は、それぞれ独自に真宗を開顕し、また解釈した。ヨーロッパの思想界における解釈学の伝統を念頭に置きつつ、金子は、この七高僧（大祖）を、真宗学の方法論を示した規範的な先蹤と仰ぐ。

この解釈という方法は、やがてさらに「聞思」という二字に具体化される。聞思という語は、親鸞が、

誠なるかなや、摂取不捨の真言、超世希有の正法、聞思して遅慮することなかれ。（『教行信証』総序）

と勧励し、『教行信証』「信巻」および「化身土巻」で、『涅槃経』を引用してその語義を確かめたことに淵源する。そこにおいて、親鸞は、「誠なるかなや」とその感動を表白する。「摂取不捨の真言」とは、十方世界の衆生を摂め取って捨てない真実の言葉、「超世希有の正法」とは、過去・現在・未来の三世を超える永遠の真理の意である。これを導きの糸として、「聞思」すなわち聞法思惟して、遅慮、ぐずぐずしてはならない。そう親鸞は、人々に促している。金子は、精神主義の内観思惟の方法を、聞思と受け継ぐ。「聞思」の二字は、金子の精神生活の指標となったが、それは、改めて真宗学の方法論を基礎づける道を開くことになった。

第五章　親鸞・普遍への道

一　視圏の拡大

I　新しい親鸞像

宗祖六百五十回御遠忌

一九一一（明治四十四）年、真宗大谷派は、宗祖六百五十回御遠忌（ごえんき）を勤修する。遠忌とは、宗祖親鸞、あるいは中興の祖蓮如の遺徳を追慕して、五十年ごとに修する年忌法要である。六百五十回忌のいま、これを記念して、前年、浩々洞（こうこうどう）編『真宗聖典』が刊行された。『教行信証（きょうぎょうしんしょう）』を含め、真宗関係の著述を一冊にまとめ、日常座右に親しむことができるように配慮して編集された画期的な聖典であった。本書の序に、宗祖六百五十回忌を迎うるに際し、この聖典を謹纂し奉る。仰いで宏恩を偲び、俯して一身の多幸を思う。感慨禁ぜず。

と記されている。『真宗聖典』の発行によって、親鸞の著述は、宗門を超えて、一般の人々に手渡され、読まれることになった。たとえば夏目漱石の蔵書目録には、本聖典が入っている。漱石は、著述で親鸞に触れるとき、これを手にしたのであろう。『真宗聖典』の普及は、新しい親鸞像を育む機縁となったものと思われる。漱石は、親鸞について、

親鸞上人に初めから非常な思想が有り、非常な力が有り、非常な強い根柢の有る思想を持たなければ、あれ程の大改革は出来ない。言葉を換えて言えば、親鸞は非常なインデペンデントの人と云わなければならぬ。あれだけのことをするには初めからチャンとした、シッカリした根柢がある。

（「模倣と独立」）

と述べている。「非常なインデペンデントの人」という表現は、宗祖親鸞聖人という旧来の親鸞像とは異なる新しい親鸞像が、宗門外に登場したことを示している。

またキリスト教社会主義者の木下尚江（なおえ）は、大逆事件のあと、『法然と親鸞』（明治四十四年）を著わし、

> 北越の曠野に投げ出された親鸞は、ここに始めて社会の基礎を見た。人生の機関を見た。貴族に生れ、寺に成人し、都会と云う贅沢な消費地の外は何も知らなかった彼は、滄浪涯（かぎり）なき越後の海岸に始めて赤裸々な労働生活と云うものを見た。

と叙べる。木下が『真宗聖典』を手にしたかどうかは不明であるが、本書において民衆とともに生きた親鸞像を描き、「親鸞は本願寺の先祖ではない」と結んでいる。

このように明治から大正にかけて、伝説のヴェールを取り去り、宗門的枠組みから解き放って、普遍的な宗教的人格として、親鸞像を描き出そうという試みが様々に行われた。

大正的気運

明治から大正への過渡期、国家の強権が重圧となって人々の心にのしかかってきたが、権力や権威の軛から自由になろうとする本能的要求も高まってきた。明治の終わり頃、その二つの潮流がせめぎ合っていた。

大逆事件が起こされ、仏教僧三人（内山愚堂、高木顕明、峯尾節堂）が連座し、明治天皇大葬の日に乃木希典夫妻が殉死するなど、まさに石川啄木のいう「時代閉塞の現状」をひしひしと痛感させる事件が続いた。しかし他方では、学習院出身の華族やブルジョアの子息たちを中心とする同人誌『白樺』、あるいは婦人の解放を叫び、新思想を紹介・鼓吹した『青鞜』が創刊されるなど、大正文化の原型も準備されていた。とりわけ武者小路実篤（さねあつ）や志賀直哉に代表される、いわゆる「白樺」派の文人たちは、「無理想」「無解決」のいきづまりに陥っていた明治の自然主義をしりぞけ、内面的自我の拡充をめざし、失われた思想の回復に乗り出した。

自我を充足し、個人の生活を第一義とする大正人の思想傾向は、人間について考える多くの示唆を、海外の思想・文学・芸術から得ている。白樺派の同人だけでなく、大正期の文人や芸術家、あるいは思想家たちの作品の背景には、ベルクソン、オイケン、ニーチェ、タゴール、トルストイ、ストリンドベリー、ドストエフスキー、ホイットマン、メーテルリンク、ロマン・ロランなど、世界的な思想や文学の影響が色濃い。彼らは、発想の基軸を、ナショナルなものにではなく、コスモポリタンなものに置いた。ここに前代とは異なる大正文化の全般的な傾向があった。人類的な思想を背景にした、いわゆる大正デモクラシーあるいは大正ヒューマニズムの登場は、日本人の視圏が拡大しはじめたことをうかがわせる。

Ⅱ　信仰表現の新形式

『宗教と人生』

視圏の拡大は、宗教の場面においても同様である。その端的な例として、私は、キリスト教的人格主義の立場から著わされた帆足理一郎（ほあしりいちろう）著『宗教と人生』（大正五年）を想起する。帆足は、南カリフォルニア大学、さらにシカゴ大学大学院で学び、帰国したあと、三十歳前後で本書を上梓したが、この書は、八年ほどの間に十数回版を重ね、改版したあとも二十八版（昭和四年）に及んだベストセラーとなった。

彼は、アメリカでキリスト教、プラグマティズム、デモクラシーを学んだ人らしく、「現世的、民本的、教育的、奉仕的人類愛の宗教」（改版序）を、具体的な例を挙げながら、情熱的な筆致で力説する。しかもキリスト教に帰依しながら、狭い宗派意識を超えて、人類的・コスモポリタン的視野から、偉大な宗教的人格に学ぶべきことを勧める。そこに海老名弾正（えびなだんじょう）、内村鑑三（かんぞう）など、ナショナルな立場を披瀝した明治のキリスト者とは異なる彼の立場がうかがわれる。

いかにして理想的な人格を形成するのか。これについて、帆足は、

かくのごとき人格の力は、多く偉大なる他の人格に啓発され、または歴史に現れた崇高なる人格、たとえばイエスやパウロや、釈迦や、親鸞や、孔子やソクラテスや、ルターやトルストイのごとき大人物に私淑（ししゅく）し、憧憬し、その精神を体得して得られるものである。

と説く。ここには、明治後期のあの厭世的、消極主義的な雰囲気はなく、理想的、積極主義的な清新さが横溢している。明治末期と昭和初期の重圧の間に挟まれた大正期の、束の間の小春日和を想わせる諸編である。

『出家とその弟子』

『宗教と人生』が出版された同じ頃、実は、時代を超えた大ロング・セラーが出版される。倉田百三（ひゃくぞう）の『出家とその弟子』である。戯曲の形式をとったこの作品で、倉田は、主人公に親鸞を設定し、しかも過去の人物としてではなく、人間としての壁にぶつかった現代人として描いている。宗祖という既成概念を破って、親鸞の現代性を記述したという意味において、本書が果たした役割は非常に大きかった。この作品が執筆された意義について、作家の亀井勝一郎は、

> 青年らしい感傷性はあるが、病的なところは少しもない。明治以後にあらわれた青春の文学として、これほど長命なものはない。すでに古典である。あらゆる時代の青年によって読みつづけられるであろう。
>
> （『倉田百三論──宗教的人間』）

と評している。この戯曲の底に流れる求道性は、宗教文学としての確固とした位置をこの作品に与えている。倉田の求道の跡は、『愛と認識との出発』から、『静思』を経て、『絶対的生活』にまで辿りついた歩みをみれば分かるであろうが、とりわけ『出家とその弟子』が創作される過程には、倉田自身の求道の切実さが深く窺われる。

彼は、この作品を執筆した動機について、つぎのように振り返っている。

殊にあの作は私が二十六歳の時の作である。その時私の心は切実な青年期の悩みの終り頃、殊に二人の姉の相ついだあまりに早き死の直ぐ後、一灯園から帰ったばかりの、人生の悲哀と無常の心持に満ちている時に書いたものである。

（『愛と認識との出発』）

倉田自身は、一高卒業後二十三歳のとき、結核に罹り、病床生活の中で、生と死について考え、その自然な結果として、聖書や『歎異抄』（たんにしょう）に親しむようになった。しかしその生と死への問いをもっとも切実なものとしたのは、二人の姉のあいつぐ死であった。この作品の背景にあるものは、身近な者の死という事態である。六幕十三場の劇の冒頭の「序曲」に死との対話が出てくるのもそのためである。この魂の苦悩をもって、宗教に向き合ったとき、この作品が生まれた。この作品に登場する親鸞は、浄土真宗の祖ではなく、ひとりの宗教的人格である。親鸞をそこまで拡げて語っているのである。この作品を、百合の花（キリスト教）と蓮の華（仏教）の結合であるとするロマン・ロランの指摘（仏訳本・序）は、ある意味で、親鸞という宗教的実存のコスモポリタン性を反証している。

『精神界』廃刊

ところで倉田は、一九一七（大正六）年に、『精神界』に「愛の二つの機能」を執筆し、その後数回寄稿している。大正コスモポリタニズム的傾向は、『精

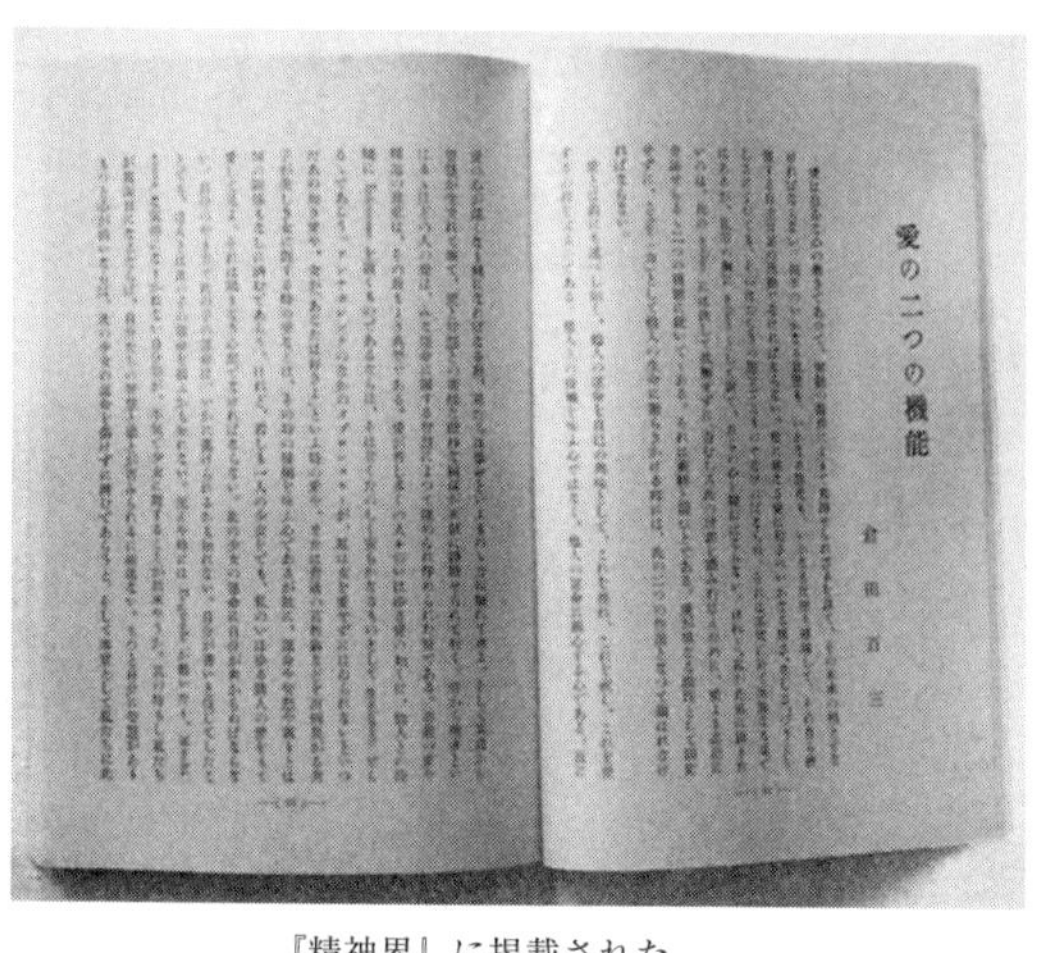

愛の二つの機能

倉田百三

『精神界』に掲載された
倉田百三「愛の二つの機能」

神界』にも及び、終刊前には、ウィリアム・ブレークの挿絵を表紙に用いている。

ただ、浩々洞の洞人で、この時期、多少とも西欧体験をもった人は、暁烏（あけがらす）・多田・佐々木の三羽烏（さんばがらす）、それに曾我を加えた四天王のうち、佐々木月樵（げっしょう）のみである。「この欧米視察がなかったならば、佐々木精神というものが明確にあらわれなかった」といわれる（山田亮賢『佐々木月樵先生』）。佐々木のコスモポリタン的な視野は、鈴木大拙（だいせつ）と

『英訳御伝鈔』を共訳・刊行したり、英文仏教誌『ザ・イースタン・ブッディスト』を発行したりするところに、端的に結実している。この点は、大正期の真宗をみる上で看過できないように思われる。

ときに、一九一六（大正五）年、金子大榮は、真宗大谷大学教授に就任し、『精神界』編集主任を辞する。これに伴い、曾我量深は、その任を継ぐため上京、併せて東洋大学教授となるが、もはや浩々洞存続の意義を認められず、解散に及ぶ。金子に宛てた手紙で、曾我は、

浩々洞は各自の主観の外にはないのである。我々は今後益々浩々洞魂を発揮して進まねばならぬのである。

（『両眼人　曾我量深・金子大榮往復書簡』大正五年十一月九日付）

と述べている。一九一九（大正八）年三月、清沢満之十七回忌の年、近代真宗史に一時代を画した『精神界』は廃刊に至り、その歴史的役割を終える。

生きている大正

大正期は、真宗がいよいよ普遍化の方向にむけて道を歩み出す画期点となったときであるが、仏教、ひいては浄土真宗の普及のために尽くし、今なおその遺業が生彩を放っている幾人かの先覚者の名が記憶に止められる。

まず織田得能（一八六〇～一九一一）である。織田は、高倉学寮で宗学や唯識学を学んだが、南方仏教への関心から、インドやタイに岡倉天心と出かけ仏教事情を視察した。やがて島地黙雷との知遇を得て、病軀を押して、十余年を費して仏教辞典の編纂に専注し、没後六年の一九一七（大正六）年に、『織田佛教大辞典』として完成・出版された。序文を寄せた三宅雪嶺は、

本書出でて仏教界始めて大辞典あり。欧米人の辞典を問うあれば、先ず是を以て答うべし。（中略）是れ啻に仏教の面目なるのみならず、日本及び東洋の文運に関係あり。而して一病僧の力を以て成れる本書実に其の先駆

なり。
（『織田佛教大辞典』「序」）

と記し、本書が、欧米人の利用にも耐えうる正確な辞典として、先駆的な意義をもっていると推奨している。本辞典は、これに続いて編纂された『佛教大辞彙』（佛教大学編）や『望月佛教大辞典』（望月信亨編）に先立って刊行され、現在もなお広く用いられている。

いまひとり想起されるのは、『新訳仏教聖典』を刊行した木津無庵（一八六六〜一九四三）である。木津は、生前の清沢満之を自坊・西方寺に訪ね、「山の修学者」との評をうけたが、一九二〇（大正九）年、山辺習学、赤沼智善と値遇し、一切経の新訳事業に着手し、翌年、実業家の篤志を受けて、仏教協会を設立。一九二五（大正十四）年に念願の『新訳仏教聖典』を刊行した。その経緯について木津は、

私共は皆様と一緒に拝読すべき聖典のないということを、最も遺憾に感じ

た次第であります。（中略）処が幸い、仏天の加護は私共に同志として赤沼智善、山辺習学等の諸師を与え、そして先輩同学の方方の一方ならぬ援助激励の下に、篤信の人人の資金の援助を受け、大正九年の秋漸くにこの事業に従事することが出来るようになったのであります。

（「新訳仏教聖典開板縁起」）

と述べている。「日本語で読むお経」（戸次公正（べっきこうしょう））ともいうべき木津版『新訳仏教聖典』は、その流麗の文章によって、今も広く親しまれている。

また学界や教育界のみならず、真宗を市井に普及するために尽くした篤信者の努力も忘れることができない。たとえば、近藤友右衛門（ともえもん）（一八三二〜一九〇四）は綿糸業で一家をなした人であるが、一八九一（明治二十四）年に名古屋の市中（御園座の近くという）に仏教聴聞の施設「信道会館」を開設した。一九二六（大正十五）年には、その後継者により、雑誌『信道』が発行された。創刊号の巻頭には、

「信は道の元、功徳の母なり」とは、釈迦の御言として華厳経にのっております。真実の道が開かれ、真実の力が生まれるのは「信」のはたらきであります。信は人をして完たき人たらしめ、進んで覚者たらしむるものであります。信は人の生命であります。これなくしては人としての価値はありません。

（『信道』創刊号「巻頭の辞」）

と記されている。「資生産業皆これ仏教」の道がここに示されている。『信道』のバックナンバーを振り返ってみると、近代真宗の歴史に大きな足跡を遺した著名な学者や宗教者が来講しているのがわかる。信道会館の建物は、一九四五（昭和二十）

浩々洞編纂『真宗聖典』『仏教辞典』（大谷大学蔵）

年の名古屋大空襲によって焼失したが、あらためて「信道会館教養講座」として第一歩を踏み出し、一九九六（平成八）年に真宗大谷派名古屋別院維持財団に「信道講座」として引き継がれ、今日に至っている。

以上は、端的な例に過ぎないが、大正期に先覚者によってなされた仕事のいくつかは、現在にまでも命脈を保っている。そのことを想う時、〝大正の志願は今なお生きている〟という感慨を覚えずにはいられない。

二　佐々木月樵――「大谷大学樹立の精神」

Ⅰ　「人」の教育

「為法不為身」

明治から大正への移行期、真宗大学は、大きな苦難を体験した。真宗大学は、東京から京都に引き戻され、真宗大谷大学と改称する。そして大正に入りしばらくして、真宗大谷大学は、大学令に準拠して、単科大学に昇格し、ここにはじめて現在の大谷大学になる。この苦難の時期を担って「為法不為身」（法のためにしてわが身のためにせず）を肝に銘じて獅子奮迅の努力をしたのは、第二代学長南条文雄（なんじょうぶんゆう）であった。

大学の移西に際して、職を一時辞した南条は、一九一四（大正三）年七月、

南条文雄

学長職に戻り、これに呼応して、佐々木月樵、金子大榮ら浩々洞系の少壮の仏教学者も教壇に立った。また外来の講師として、京都帝国大学から招かれた学者は、大学に新風を吹き込んだ。それらのなかには、『近世に於ける「我」の自覚史』の著者朝永三十郎、『善の研究』を著わした西田幾多郎、カント研究の泰斗桑木厳翼などの錚々たる哲学者をはじめ、印度哲学の松本文三郎、社会学の米田庄太郎、英語の上田敏、梵語の榊亮三郎など著名な学者がいた。大正期に入り、京都は、東京とは違った意味で、新しい思想文化の中心地となりつつあった。

「人格の陶冶」

南条のあと第三代学長に就いた佐々木月樵（ささきげつしょう）は、豊かな宗教的人格の涵養（かんよう）という清沢の教育理念をさらに広い視野のもとで展開した。一九二四（大正十三）年四月の新入生宣誓式において、佐々木は、「大谷大学樹立の精神」を発表した。このマニフェストは、新生した大谷大学に向けての佐々木の教育宣言である。

佐々木月樵

真宗大学伝統の仏教と親鸞の精神とともに、個性を尊重する大正的気風の影を、私たちは、ここにみることができる。一九一八（大正七）年十二月に公布された「大学令」には、帝国大学令にはなかった「人格の陶冶（とうや）」が謳われているが、この大学令の「人格の陶冶」という一点を取り込みつつ、佐々木は、清沢満之が真宗大学においてその基本を示した教育理念をより広やかな形で開花しようと図った。

大正時代は、吉野作造が造語した「民本主義」の語が示すように、まず何よりも個人本位の思潮が高揚した時代であった。教育においても個人を重んずるという原則が尊重された。大正デモクラシーの風潮のなかで、新しい形の教育が各地で始まった。一九二一（大正十）年に、「信濃自由大学趣意書」を作成して、自由大学運動を進めようとした土田杏村(きょうそん)、子どもの個性や能力を育てようと成城小学校で教育実践を行った沢柳政太郎(さわやなぎまさたろう)など、私たちは、その端的な例をいくつか想起できるが、「人格の陶冶」を謳った「大谷大学樹立の精神」には、このような清々しい時代の風が吹いているようである。

釈尊・親鸞の人間像に学ぶ

かつて佐々木は、暁烏、多田と並び、「浩々洞の三羽烏」といわれた。しかも人間の心的要素である知性・感情・意志に準えて、情の暁烏、意の多田に対して、知の佐々木と呼ばれ、おだやかな学者肌の人として知られていた。その彼は、在洞時代に、聖人伝に関心を持ち、『精神界』に、最初「聖伝講話」（明治三十五年）を、ついで「親鸞聖人伝」（明治三十七年）を執筆連載した。この「親鸞聖人伝」は、やがて一書として、一九一〇（明治四十三）年に刊行された。当時、幸徳秋水が、獄中で遺書『基督抹殺論』を執筆し、巷間では親鸞抹殺論もささやかれていたが、佐々木は、親鸞の宗教的人格に学ぶことの尊さを説いた。その立場は、仏教の学びにおいても同様で、彼は、「仏教は、決して哲学でもなければ、道徳でもない。何れも皆な釈尊の教にして、それぞれ対告衆の宗教である」（「対告衆と仏教」『精神界』第十四巻四月号、大正四年）と強調した。対告衆とは、釈尊の説教を聞く聴衆のことである。

この観点は、大谷大学のカリキュラムにも反映している。佐々木は、入学した学生は、どの学問分野を専攻するにしても、釈尊の生涯と親鸞聖人の生涯を学び、その宗教的人格に触れるべきであるとし、

> 第一年には、阿含の釈尊と親鸞伝と其教義とを教授する。こは、仏教は常に釈尊に始まり、然も宗教としての仏教の極致は正に我真宗にありと確信するからである。
>
> （「大谷大学樹立の精神」）

と述べた。佐々木が、カリキュラムの最初に、釈尊伝と親鸞伝を入れたことは、具体的な宗教的人格に触れて人間形成の糧とするべきであると考えたからである。私たちは、そこに「人（にん）」の学びと人格の涵養という教育理念をうかがうことができる。

Ⅱ　「人」の解放

親鸞教学の再構築

佐々木は、「真宗学」という名称を、大正七年に真宗大谷大学の課程に採用した。従来宗学は、聖教(しょうぎょう)の訓詁注釈を主要とし、宗門の教権に奉仕する「御用の学」という埒内をはみ出すことはなかった。これに対して、「真宗学」は、宗学の概念的解釈を離れて、主体的解釈に向かうところにその特質がある。

佐々木は、このような意味における真宗学を開こうと願った。一九一五（大正四）年四月、これまで浩々洞の機関誌『精神界』の編集に携わって着々と意欲的な論稿を発表してきた曾我量深は、ふたたび教授に就任し、金子大榮とともに、この新しい浄土真宗の学場で真宗学の形成と後進の育成のために努力する緒についた。近世封建期の宗学は、近代人の知性と苦悩に対応しうる時機相応の教学へと脱皮するべく、再吟味されなければならなかったが、その意味で、曾我・金子が近代真宗教学の再構築に向かって献身し、親鸞教学の真価を世に問うた意義は、まことに大きかった。

ただ、理想と現実との間には、まだ深い溝があった。大学が自由な学問の府として存立するためには、研究・教育を疎外する教権からの自由が保証されなければならない。しかし真宗大学開創以来、教権主義の根は、纏綿（てんめん）しつづけた。やがて遠からずして起きる金子・曾我両教授の「異安心（いあんじん）」事件とそれによる辞職は、教権主義の根深さを改めて知らしめるものであった。

佐々木の悲願

明治の国家主義は、大正の個人主義へと移行するが、大正デモクラシーの土壌のなかで、人間の解放を求める声はひときわ大きくなっていく。時代の趨勢（すうせい）を眺めれば、全国水平社創立大会（大正十一年）や婦人参政権獲得期成同盟の結成（大止十三年）は、その解放的要求を端的に示すものである。このような時代の要求は新生した大谷大学の理念にも色濃く反映しているように思われる。

「大谷大学樹立の精神」によれば、この大学は、けっして狭い意味での「宗門

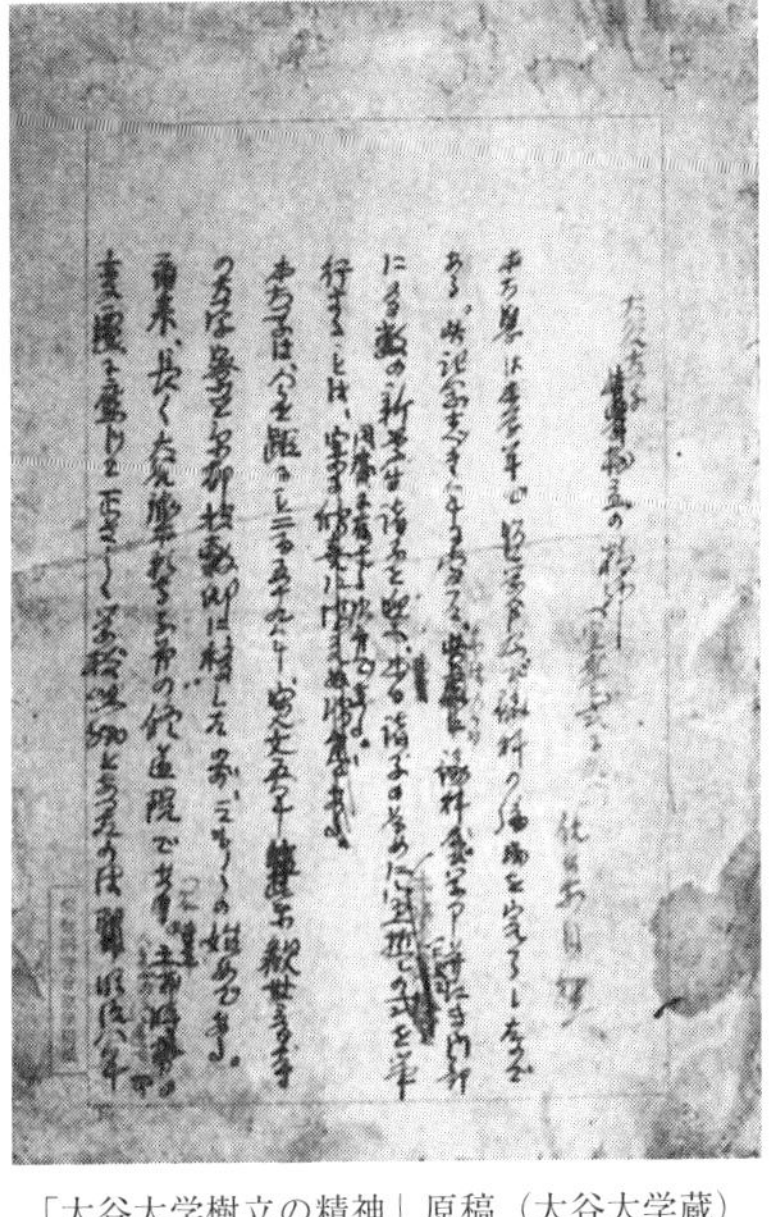

「大谷大学樹立の精神」原稿（大谷大学蔵）

大学」（＝僧侶養成機関）であってはならなかった。文化の香り高い、僧俗共学の「宗教大学」でなければならなかった。この大学に、佐々木は、仏教を国民に普及し、宗教的人格を陶冶するという願いを託した。佐々木は、

本大学では、仏教はかかる解放的意義に於いて先ず以て研究せられて居るのである。そこでかくの如き「法」の解放は、やがてまた「人（にん）」の解放を要求するものである。

と述べている。「法」の解放とは、仏教そして真宗を学界に、さらに国民一般に解放することである。この使命に立って、佐々木は一九二一（大正十）年、「英文東邦仏教徒を発行し、……仏教の研究を世界に輸出し……」（「大谷大学樹立の精神」）とあるように、英文仏教誌『ザ・イースタン・ブッディスト』（*The Eastern Buddhist*）を、鈴木大拙の協力を得て発行して、世界に向けて仏教を公開する道を開く。また一九二二（大正十一）年からは、全国各地に大学開放講

座を催して、仏教の啓蒙に努める（参照、瓏弘信「戦前の大谷大学開放事業について」大谷大学真宗総合研究所『研究所紀要』第七号、一九八九年）。それらは、やがて「人」の解放、すなわち人間解放の悲願の成就への一歩を進める試みであった。

しかし一九二六（大正十五）年、佐々木は、その思い半ばにして五十一に満たない歳で死去する。鈴木大拙は、大学葬の式場で代表に立ち、「佐々木君、君はなぜ逝ったのだ、まだ十年や十五年は生きられる筈であったのに、教授代表ということだから、個人的なことを言うのはどうかと思うが、君を失って私はこれからどうすればよいのだ」と、愚痴に等しいような嘆きを表白した（山田亮賢）。

三　鈴木大拙―『ザ・イースタン・ブッディスト』

Ⅰ　願に生きる

発心

佐々木の願いにあたかも呼応するかのように、仏教を欧米人に開放しようと生涯を尽くした仏教者は、鈴木貞太郎大拙(すずきていたろうだいせつ)（一八七〇〜一九六六）である。生涯の親友西田幾多郎は、第四高等中学時代で知り合った頃の若き鈴木を振り返って、

大拙君は私の中学時代からの親しい友の一人である。（中略）弱年にして既に超世間的で深く人生問題について考えていた。（中略）君自身は記憶

して居られるか否かは知らぬが、君は若い時から仏教は世界に弘むべきだといっていた。今その言が思い合されるのである。

（『禅と日本文化』序文）

と語っている。鈴木は、六歳のとき父を、七歳のとき兄を、二十歳のとき母を喪い、人生問題に早くから直面し、菩提心を深く抱き、同校の数学教師であった北條時敬（ほうじょうときゆき）の指導を受けて禅に関心を向ける。また英語に秀（ひい）でていたことから、仏教を欧米に広めたいという願いを早くから育んでいた。

一八九七（明治三十）年、二十七歳のとき、鈴木は、師匠の円覚寺・釈宗演（そうえん）の勧めによって、渡米し、イリノイ州ラ・サールのオープンコート出版社に勤め、ポール・ケーラス博士に協力して、中国語文献の翻訳、論説、批評などの仕事に携わる。また、東西の宗教、哲学などの研究に努めるとともに、自ら馬鳴（めみょう）（アシュバゴーシャ　一〜二世紀ごろ）の『大乗起信論』を英訳し、英文『大乗仏教概論』を著わす。

滞米中、鈴木は、日本の雑誌に度々投稿し、欧米への仏教普及について、

若き日の鈴木大拙（明治41年）
（『鈴木大拙全集』第24巻、岩波書店）

「人物さえあれば、けっして絶望するに及ばぬ」（「欧米における仏教の前途」）と述べている。日本に土着した仏教は、十九世紀末に太平洋を越えて北米大陸へ伝わるという、いわゆる仏教東漸（とうぜん）の気運が高まったが、鈴木は、その後の長い世寿を通して、まさに近代仏教史にその名をとどめる「人物」であることを証明した。

禅と念仏

一般には、鈴木は、禅の人で、真宗には晩年関心を抱くようになったと評される。しかし、十数年ぶりに帰国し、学習院の教壇に立った翌年の、一九〇九（明治四十二）年には、佐々木と共訳で、英文『真宗の大意』（*Principal Teachings of the True Sect of the Pure Land*）を出版し、一九一一（明治四十四）年に、やはり佐々木との共訳で、『英訳御伝鈔』（*The Life of the Shinran Shonin*）を出版している。真宗への関心は、必ずしも晩年になってからではなかったのである。

鈴木は、禅をゼン・ブッディズム（Zen Buddhism）と呼んだが、同じように、真宗をシン・ブッディズム（Shin Buddhism）と呼んで尊重した。両者に隔てをみないのは、鈴木の生まれた金沢の風土と無関係ではないであろう。北陸一帯は、曹洞宗の禅者・道元の衣鉢を継ぐ永平寺、そして真宗中興の祖蓮如の本願寺などの感化によって、宗教心の豊かな土地柄である。家の宗教は臨済宗であったが、北陸の風土に育まれた鈴木は、宗派にこだわらず宗教的関心を深めていったようである。

Ⅱ　仏教の開放

英文仏教誌『東方佛教徒（ザ・イースタン・ブッディスト）』の創刊

海外での生活は、鈴木の英語力のみならず、西欧文化の理解を深め、また新しい視点から東洋思想、とりわけ仏教を見直す貴重な機会となった。帰国後鈴木は学習院で、神田乃武（ないぶ）の後をついで英語学を講ずるが、一九二一（大正十）年三月、五十一歳のとき、佐々木の懇請と親友の西田幾多郎の勧めにこたえて真宗大谷大学の教授として着任する。同時にビアトリス夫人も予科教授嘱託に就く。

同年、鈴木は、佐々木、山辺習学、赤沼智善らとともに真宗大谷大学内に東方佛教徒協会（The Eastern Buddhist Society: EBS）を設立し、大乗仏教精神の海外広布を目的とする英文雑誌『ザ・イースタン・ブッディスト』（『東方佛教徒』*The Eastern Buddhist*）を発刊、ビアトリス夫人とともに編集に取りかかる。
鈴木は、「仏教の解放」という佐々木の願いに共感し、以後生涯にわたって、国際的な場でこれを実現する仕事に挺身することになる。

「創刊の辞」巻頭には、

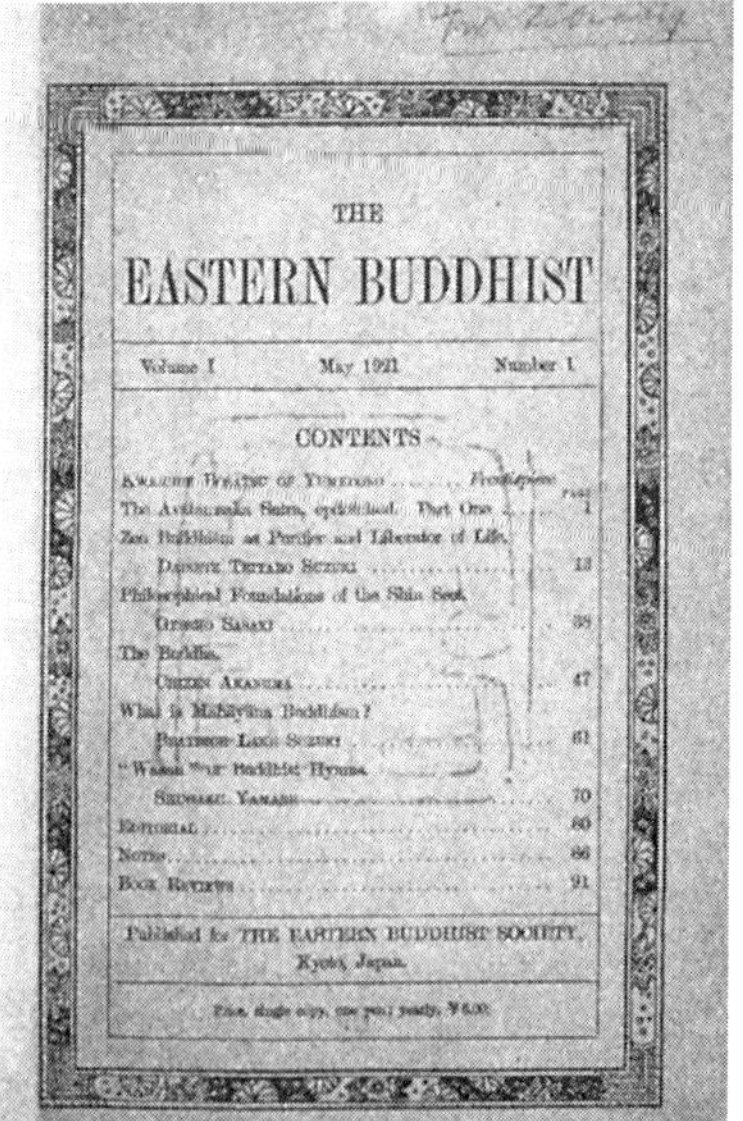
THE
EASTERN BUDDHIST

Volume I　May 1921　Number 1

CONTENTS

The Avatamsaka Sutra, epitomised. Part One ... 1
Zen Buddhism as Purifier and Liberator of Life. Daisetz Teitaro Suzuki ... 13
Philosophical Foundations of the Shin Sect. Gessho Sasaki ... 39
The Buddha. Chizen Akanuma ... 47
What is Mahayana Buddhism? Beatrice Lane Suzuki ... 61
"Wasan" or Buddhist Hymns. Shugaku Yamabe ... 70
Editorial ... 80
Notes ... 86
Book Reviews ... 91

Published by THE EASTERN BUDDHIST SOCIETY, Kyoto, Japan.

『ザ・イースタン・ブッディスト』
創刊号（大谷大学蔵）

東方佛教徒協会は、仏教の研究、その研究の成果の出版、そして仏教の真精神の普及を目的とする。本協会の趣旨に賛同の方はどなたでも入会できる。年会費十円。

と英文で記されている。東方佛教徒協会（ＥＢＳ）は、⑴仏教の研究、⑵研究成果の出版、⑶仏教精神の普及をその目的とした。協会からこのような雑誌を出版して、広く欧米の人々に仏教を伝えることは、鈴木の素志であり、またビアトリス夫人とのかねてからの約束であった。彼が佐々木の招きに応じたのも、一つはこの点で大学の当事者と意見が一致したからである。鈴木は、仏教を欧米に伝えるために京都に来た。いわば、『ザ・イースタン・ブッディスト』を出すために京都に来たのである（杉平顗智（すぎだいらがいち）「思いだすままに」）。

鈴木は、本誌に毎号かなりの分量の英語論文を載せたが、その弁によれば、「人の論文を訳するのはまどろこしくてしょうがないから、自分が書いた」（「也風流庵自伝」）という。これまで蓄積された思索と卓越した英語力、さらにビアトリス夫人の献身がこの仕事を可能にしたといえよう。

その後、『ザ・イースタン・ブッディスト』は、一九三九（昭和十四）年、ビアトリス夫人の逝去とともに一時休刊したが、一九四九（昭和二十四）年に再刊され、現在は、鈴木の遺志を継いで、「ニュー・シリーズ」として復刊され、非宗派的英文ジャーナル（年二回発行）として、大乗仏教全般にわたる開放的・批判的研究発表の場となっている。

仏法東漸

鈴木の参禅は、青年時代からであり、禅関係の著述は、和文・英文合わせて膨大な量に上るが、彼は、一方、真宗大谷大学に赴任して以降、真宗典籍の翻訳や浄土教関係の論文の執筆にも少しずつ着手している。著作年表をみると、「禅宗より観たる親鸞聖人」（大正十一年）、*The Life of Shinran Shonin*（『英訳御伝鈔』、大正十二年）、「真宗と禅宗」（大正十二年）、「自力と他力」（大正十三年）、

「禅と念仏」（大正十四年）、*The Development of the Pure Land Doctrine in Buddhism*（「浄土教理史」、大正十五年）と続く。さらに昭和に入ってからの精力的な真宗関係の著述は、改めて述べるまでもない。

さきに触れたように、インドで発祥した仏教が、中国・朝鮮・日本へと伝播してきたことを仏法東漸という。多くの訳経僧が生命を賭して「三蔵」（経律論）を新しい世界に伝えた。なかでも有名なのは、唐の玄奘（げんじょう）（六〇二〜六六四）で、「三蔵法師」と俗称される。しかし、仏法東漸が太平洋を越えてアメリカへの通路を開いたのは、玄奘没後一千余年の星霜を経た、わずかここ一世紀のことである。その仏法東漸のための大きな貢献をした人として、鈴木大拙の名は記憶される。

東西文化の隔絶とその超克

鈴木は、しばしば「現代の三蔵法師」と献辞される。なるほど彼は、それまで西欧世界ではよく知られていなかった仏教を、とりわけ禅を、また晩年には真宗を西洋世界に伝えるという開拓的偉業を成し遂げた。まったく彼なくしてはその仕事の多くは成しえなかったであろう。しかし鈴木は、仏教を東から西に伝えたというだけではない。仏教（禅・真宗）のもつ普遍的な意義を世界思想のレベルで表現したのである。

「東は東、西は西」という言葉がある。あの『ジャングル・ブック』の著者であるキップリング（一八六五〜一九三六）の箴言（しんげん）であるという。東洋は、けっして西洋と交わらないという意味である。たしかに東洋と西洋との間には、言語、宗教、文化、風俗、習慣などあらゆる面において隔たりがある。グローバル時代といわれながら、とりわけ二〇〇一年九月十一日のイスラム原理主義を標榜する者による世界貿易センター爆破事件以降、「文明の衝突」（ハンチントン）が取りざたされているが、普遍の立場から、禅のみならず真宗の意義を西洋社会に語りかけ、西洋的思考の陥穽をも指摘した鈴木大拙のパイオニアとしての遺業は、改めて振り返られるべき意義がある。

終章　新・親鸞主義の成立

一　近代教学の始動

I　時代と教学の相関性

時機相応の法

仏教では時機相応と説かれる。仏教は、時代とその時代に生きる人間（機）に相応しなければならないという教えである。あの鎌倉時代、法然は機教相応という視点を開き、末代の愚人・悪人にふさわしい教法として他力易行の念仏を勧めた。その後に出た日蓮は、この視座を批判的に受け継ぎ、『法華経』に基づいて、専唱題目の一道によって苦悩する時代社会を救おうとした。

その鎌倉期から数百年の星霜を経て、一八六七（慶応三）年十月、徳川慶喜（よしのぶ）は政権を天皇に委譲し、ここに徳川幕府の政治体制はピリオドを打つ。この

「大政奉還」に始まる近代の到来は、これまで幕府の宗教政策によって保護されてきた仏教界にとって大きな試練の時となった。新しい時代の要請に相応しない限り、仏教がこの難局を越えて生き延びることは不可能であった。支えを失ったその厳しい状況下、明治から大正にかけての半世紀余にわたる時代の奔流の中で、近代は仏教にとって「第二の鎌倉」ともいうべき様相を呈した。起死回生をめざして試みが多くなされた。そのことに改めて瞠目の想いを禁じ得ない。

真宗においても、この危機のエポックのなかで、逆に真宗そのものの存在理由を問い直し、その真価値を見出そうとする様々な試みが行われた。近代は、真宗にとって、失地回復への一つの大きな転換期となった。その意味で、近代の歴史を振り返ることは、既成の精神的地盤を失い、今また時機相応の真宗のあり方を模索しつつある現代の私たちに豊かな示唆を提供してくれる。

近世宗学の遺産

信仰が時代の中に証されるためには、それは、外在化され、思想化されなければならない。小稿において、私は、明治から大正にかけて活躍した幾人かの真宗の先覚者たちにスポットを当て、彼らの行跡を辿ってみたが、彼らに先立って、信の再生に向けて、多くの他の人々の努力があったことも忘れてはならない。この困難な時代に、「竜象（りゅうぞう）」とも称される、学徳の秀でた人物が輩出し、真宗が時機相応の法であることを身をもって証しようとした。そのことを、私たちは記憶に留めておく必要がある。

近代において、信仰の思想的な表現は、「教学」の名で呼ばれるが、それまで、教学は、「宗学」（宗乗）の名で呼ばれていた。幕末から明治にかけての激動期、新しい状況の中で、様々な宗学者が活躍した。排仏思想に対しては、福田義導（ぎどう）（大谷派）、瑕丘宗興（かきゅうしゅうこう）（本願寺派）、東陽円月（とうようえんげつ）（同）らによって、護国仏教論の主張、「真俗二諦論（しんぞくにたい）」路線の鮮明化がなされ、真宗は、新しい天皇中心国家体制に矛盾しないばかりか、それを支えるものであるとの弁証が試みられた。キリスト教進出に対しては、西本願寺「学林」に破邪学科が、東本願寺「高倉学寮」に護法場がそれぞれ設置された。護法場は、宗門維新における松下村塾であったといわれる。闡彰院空覚は、ここで、青年僧侶のために、漢訳の『聖書』や『天路歴程』を講じた。

しかし東西本願寺の諸々の学事を全体としてみれば、「ひとり宗学界のみは固陋の執見に膠着して、その洗礼を受くるなく、益々敗残の哀れをとどむる」（廣瀬南雄『真宗学史稿』）と評されるように、時代社会の要請に応えることなく旧態を保持し、停滞していた。

Ⅱ　近代教学の始点

宗学から教学へ

従来の宗学に簡(えら)んで教学という語を積極的に用いたのは、清沢満之(きよざわまんし)である。清沢は、「教学は一宗の生命に有之候ゆえ、一日も忽(ゆるがせ)にすべからざるは勿論に存居候」と、その書簡（明治二十五年十月四日）の中で記している。ここでいう教学とは、伝統的な一宗一派の学、「宗門御用の学」としての宗学ではなく、三宝を念持する学、とくに教団の実践としての能動的な学である。

近代の真宗を席捲した宗門の思想的主張は、真俗二諦論であったが、この主張は、近世の信仰を背景にした宗学の延長線上にあるといってよい。真俗二諦論は、さきに「強縁(ごうえん)の教学」（「序章」参照）と指摘したように、幕府の恩顧に応えることを基軸とした江戸時代の王法為本(おうぼういほん)論と同様、真宗を天皇制思想にはめて保証し、宗門が国家から逆に支えられようとの意図の上に成り立っていた。

近代教学の源泉

これに対し、清沢の精神主義の主張は、(1)「個」の確立、(2)公共主義の実践、(3)万物一体の自覚、の三点に要約されるが、これは、新・親鸞主義ともいうべき信仰の表現であり、近代教学の原型ともなった。なかんずく、この三項目のうち、とりわけ「個」の確立の主張に、私は、近代教学の始点をみる。

清沢が精神主義の主張によって世に知られたのは、明治三十年代であるが、明治仏教は、社会の流れに応じ、全般に仏教護国論あるいは仏教国益論が主流であった。宗門仏教の閉鎖性を批判した明治二十年代の新信仰においてもそれは変わらなかった。キリスト教の欧化主義に対抗して、国粋主義、日本主義の立場を明らかにした井上円了（えんりょう）の「護国愛理」にしても、禅浄一致に立ち、戒と恩を軸にして在家仏教運動を展開した大内青巒の尊皇奉仏大同団にしても、護法即護国観と四恩・十善に基づく思想運動を唱道した鳥尾得庵の護国協会にしても、あるいは日蓮信仰に立脚して、愛国的情熱を語った田中智学の立正安国会にしても、その旗幟からも端的にうかがわれるように、ナショナリスティックな色彩が濃い。そのため個の把握が弱かったことは否めない。

一方、清沢は、親鸞の信仰に立って、個を第一義として主張する。宗教学者の脇本平也は、かつて、

> 満之は、ほかならぬ自己の信仰として精神主義をもった。暁烏敏によると「先生の話の中には、何々氏曰くと云ふ事がない。何でも、かでも、自分一人で云ふのが、先生の特色であります」という。この自分一人はまた、「親鸞一人」を蘇らすものでもあった。『我が信念』が明治の歎異抄とよばれて深い感銘をよんだのも、理由のないことではなかった。そして、信仰を、厳しく自己一人の問題として取り返す個人主義は、近代への道を

通ずる宗教改革の精神でもあった。　（『評伝清沢満之』「終章近代の仏教者」）

と述べた。清沢の生々しい体験に裏打ちされた、信仰における個人主義。脇本は、これを精神主義の特質と指摘し、そこに清沢の主張の近代性を確認する。

二　大正の終焉

Ｉ　宗教的「個」の思想

創造的回帰

長い封建時代をくぐってきた日本では、個人の価値は極端に軽視された。近世江戸期に尊ばれたのは、個人よりも家であった。女性は家に従属し、結婚も家の存続のためであった。

このような没個人的な封建風土に風穴を開ける大きなきっかけとなったものが、西洋との出会いであったことは申すまでもない。西洋において、自立的な個人の根拠づけを行った画期的な主張として、「我思う、故に我あり」（コギト・エルゴ・スム）というデカルトのことばが想起される。ここに近代的自我が成立する思想の根がある。

日本人は、このような近代的自我に西洋との出会いを通して目覚めた。しかし近代の自我は、個人を他から隔絶させるという人間孤立への道をも開いた。仏教の縁起観に立脚し、万物一体の思想を披瀝した清沢は、デカルト的我について、「（デカルト氏は我思故我在と云へり）是れ迷倒なり」（「転迷開悟録」九）と鋭く批判する。したがって精神主義においては、個人は、西洋の自我的「個」としてではなく、宗教的「個」として成立する。脇本のさきの指摘が示すように、「親鸞一人」を蘇らすことが、同時に近代への道に通ずることになるのである。いわゆる創造的回帰（creative return）とは、まさにこれであろう。

集団の論理VS個人の論理

近世江戸期の残滓のせいであろうか、日本人は、個人よりも集団を優先するという習慣が今でも身に染みついているようである。ずいぶん以前の記事であ

るが、「天声人語」に、

たとえばニューヨークの街角で、四、五人が立ち話をしているのをみて、それが日本人か中国人かを見わけるにはどうしたらいいか。お互いにしきりにうなずきあっているようなら間違いなく、日本人、なのだそうだ。集団的一体感を大切にするわれらはうなずきあって、それを確かめる。

（『朝日新聞』一九八七年四月二十二日）

と載っていたことがある。ポスト・モダン（近代以後）といわれる現今では、必ずしもそうともいえないのかもしれないが、概して外国人に較べると、日本人の行動様式は、個人中心よりも集団中心に傾きやすい。日本の社会にあっては、個としての単位よりも集団としての単位が重要とされる。このような日本人の精神風土に個の思想は発達しにくい。そんななか、二十世紀初頭、「親鸞一人」の伝統に立って、宗教的「個」の思想を唱道した精神主義は、集団的一体感を重視する日本人の精神風土と対峙するという側面を有していた。

Ⅱ　日本的精神風土の中で

民族的集団主義との対峙

往時、世間の真宗をみる眼には、なかなか厳しいものがあった。明治末期になって政府は、国民精神作興、思想善導のために、神道・仏教・キリスト教が合同して事にあたるという三教合同の構想をもっていた。この構想に対してさまざまな議論が巻き起こった。私たちは、たとえば『新仏教』（大正二年二月号、三月号）の誌上を通して、これらに対する仏教側の立場をうかがうことができるが、とくに信教の自由の立場から、反対の意志を明確に表明したのは真宗であった。

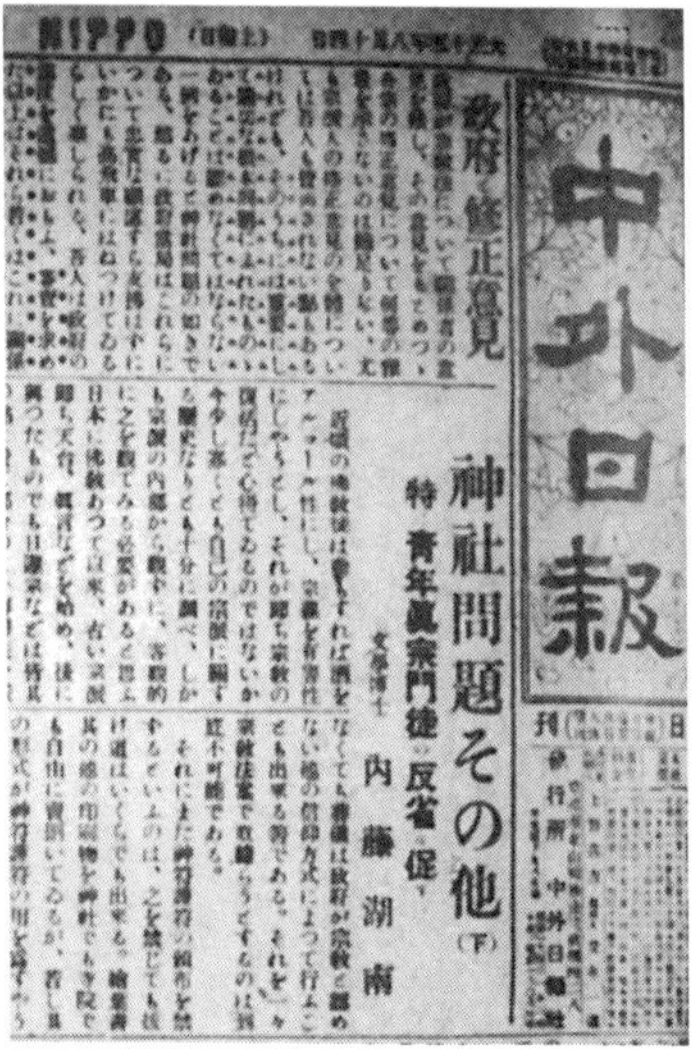
中外日報
神社問題その他（下）
特に青年真宗門徒の反省を促す
内藤湖南
政府の修正意見

『中外日報』内藤湖南記事

三教合同の名のもとに国家が各人の信仰を越えて、神社参拝を強制することにでもなれば、神祇不拝の伝統に立つ真宗の信徒がさまざまな場面で苦境に立たされることは眼にみえている。この神社問題は、その後ずっと尾を引いていたが、一九二六（大正十五）年の第二次宗教法案の上程のもとふたたび浮上することになる。

同年八月十三、十四日の『中外日報』の記事には、「神社問題その他―特に青年真宗門徒の反省を促す」という著名な東洋史学者の内藤湖南（こなん）（一八六六～一九三四）の論説が載っている。内藤は、非難をこめた口吻でいう。かつて天皇陛下の御肖像に拝礼しなかった高等学校の教員の問題――つまり内村鑑三不敬事件のこと――があったが、いまの真宗門徒もこのような態度を再びとろうとするのであるか、また他の仏教の宗派の人たちがこの神社問題のことで、みな真宗の尻馬に乗って騒ぎまわっているのは正気の沙汰とはおもわれない、と。

ここで、注意を喚起したいのは、この論説が、『内藤湖南全集』に収録されていないことである。これについて識者は、「後になって湖南自身が廃棄したか、あるいは全集編者の神田喜一郎（きいちろう）と内藤乾吉（けんきち）の配慮で、「著作目録」から意図的に削除したと考えたい」と指摘している（礪波護「内藤湖南の『華甲壽言』」『湖南』第二十九号、二〇〇九年）。

ともあれ、ことほどさように真宗の宗教的立場は、日本の精神風土に培われ、とくに明治以降の神道国教化政策に強化された民族的集団主義と対峙することを余儀なくされた。真宗の近代的表現である精神主義の後継者もまた、このような難関（アポリア）に直面したのである。

大正天皇病状悪化に際して

　その世間の非難を一層烈しくしたのが、大正天皇病状悪化に対して真宗教団のとった態度であった。大谷派寺務総長稲葉昌丸（まさまる）は、門末に対して、玉体の御平癒を翹望（ぎょうぼう）し、言行を慎しむように諭達（ゆたつ）したが、他宗のように病気平癒の祈禱をすることは宗旨の建前から指示しなかった（『中外日報』大正十五年十二月十日）。大阪仏教団では、聖上陛下御不例により団として祈禱会を催すべきかどうか審議したが、本願寺派理事森祐達は、自派教義の立場からこれだけは真宗を除外してもらいたいと極力提言したので、祈禱会は見合わせることになった（同、十二月二十一日）。

　こうした真宗側の姿勢に対して、非難の矢が放たれた。ある論者は、陛下の赤子（せきし）たる忠良の臣民が、その御平癒の一日も早からんことを神仏に祈禱しているというのに、同一の忠良なる臣民の一として、真宗関係の人たちがどうして他と行動を共にして陛下の御悩御平癒祈願に加わらないのかと強い疑念をあらわにし（同、十二月十六、十七日）、別の論者は、真宗教団が奇怪千万にも赤誠溢るるばかりの挙国的行動に対して超然として消極的反抗をなし、千三百万の門末に御不例御平癒祈禱を禁じ、真宗教義の仮面の下に隠れて国家的行動にボイコットをなすのは、明らかに非国民的であり、国賊的であると攻撃した（同、十二月二十二、二十三、二十四日）。

これらの論者は、皇室への絶対的尊崇を軸とする神祇祭祀こそ民俗古来の美風であるとする。この国家的宗教神祇祭祀に対して個人の信仰は、私的宗教とみなされる。それゆえ真宗の人たちがとった姿勢は、日本国体の精華に泥を塗る反国家的行動と断罪されるのである。

私たちは、一九八八年暮れに昭和天皇の容態が悪化し、やがて新年に逝去するまでの百日あまりの間、日本全国にみられたあの異様な風景を覚えている。自粛、自粛のかけ声が、まるで天の声であるかのように日本全土をかけめぐった。暮れの歓楽街の人出もめっきり減り、新年の門松も門前から消えた。自粛しないことが何か反社会的な行動であるといったようなムードが漂った。しかし戦後の政教分離の建前から、教団への圧力がかからなかったのは幸いであった。「信教の自由」獲得のために奮闘した近代真宗の先達の労苦を想うことである。

信の眼

真宗の神祇不拝の伝統は、歴史のなかで様々に生きてきた。西本願寺第十六代法主の湛如は、祈禱による病気平癒を否定し、自決したと伝えられ、また太宰春台は、一向宗の門徒は、「如何なることありても、祈禱などすることなく、病苦ありても、呪術符水を用いず」（『聖学問答』）と驚嘆している。しかしその伝統に生きることが茨の道であったことは、近代の高木顕明の例ですでに一瞥した通りである。

宗教者が個の立場を保持することは、集団に対峙する抵抗力を自らに持つことである。それは私的世界に閉じこもることではない。あの明治の政教分離運動に大きな役割を果たした島地黙雷は、「宗旨というは死生不移者を言い、抵抗力ある者を言う」（明治五年、外遊中の書簡）といっている。まさに島地は、このことばの通り、自らの信仰にもとづく抵抗力を示して、「三条の教則」に象徴される神道国教化政策に抵抗運動を展開したのであった。

私たちは、様々なレベルの集団のなかに生きている。集団は、その維持のために独自の強制力をもっている。それは、包括の論理の裏にいつも排除の論理を働かせている。集団の進む方向に逆らう者を異分子として叩く「ムラ八分」の論理を内に秘めている。私たちは、様々な集団に帰属し、その帰属意識によって安定感を得ている。しかし集団を超えた醒めた眼をどこかに保持していないと、いつしか集団の論理に巻き込まれ、自らもその論理に身を委ねて取り返しのつかないことになる。信心は、その眼を保持する我らの根拠であろう。

一九六一（昭和三十六）年の宗祖七百回御遠忌法要以来、真宗大谷派は、《家の宗教から個の自覚へ》という標語を掲げ、同朋会運動を展開してきた。運動をとりまく環境は、五十年前の発足当時の様相から激変している。そんななか同朋会運動は、現在、再々点検・再々出発を迫られている。ただ、私たち一人ひとりが、「個」、すなわちこの語の偏（へん）と旁（つくり）が示しているように、「固」的な確かさをもった「人」として、主体的人間へと形成されなければならないことに変わりはない。宗祖親鸞の指教に導かれて「個」の確立に挺身した近代の信の群像に、今こそ学ばねばならないのではないか。

三　信の課題

I　人間の側に

危機のエポック・再考

日本の近代は、ヨーロッパの文明が怒濤のように押し寄せ、そこに東西文化の出会いが劇的に開始された時期である。「序章」でも触れたように、近代における日本の西欧との出会いは、危機のエポックを開いた。この出遭いの中で、既存の価値が全般にわたって問い直されることになった。

仏教は、維新後の廃仏毀釈に加えて、西欧諸国からの新文明の流入やキリスト教の解禁によって、その存続すら危惧される情況に追い込まれた。ただ、同時に注意されることとは、西欧の衝撃（インパクト）が、合理主義のもと仏教を封建的な旧時代の弊風として否定する流れを引き起こす一方、日本人が、宗教を通して、個々人本来の人間性に覚醒されるという、近代的信仰観に導かれる動因ともなったことである。

そのような信仰観の形成の背景には、十九世紀後半の実証主義をベースとする宗教理解、たとえばイエスを「比類なき人間」と呼び、宗教感情を無限に対する一種の倫理的・感覚的衝動と捉えたルナンの『イエス伝』、あるいはパーリ仏典によって釈迦の歴史的実像を掘り起こしたデーヴィッズの『仏教』などの歴史的・実証的研究が重要な役割を果たしたと考えられる（なお、後者は、清沢の宗門改革運動期の蔵書目録「如是文庫」にも洋書の部の中に入っている）。人間的な立場に立ったこのような宗教理解は、日本人が因襲的な信仰観から脱皮し、旧習に培われた意識枠(パラダイム)を転換して、近代的信仰観を形成する上に影響を及ぼした。

島地大等(しまじだいとう)は、明治宗教界の新思潮について、総じて明治時代の新思潮は、自我の覚醒をその焦点となすものであることは言うを俟たないが、この思潮は、啓発せられたる仏教・基督(キリスト)教の新人が、共に等しくそれぞれの教主の釈尊および基督に対して、人間性(humanity)とともに、神性(divinity)を凝視したこと、とくに仏教は釈尊の霊格・法身をも正念したが、就中(なかんずく)千有余年、神秘の相好・金色に覆われたる釈尊の、拙劣なる芸術に成れる旧衣を脱して、赤裸々なる釈尊の人間性を工観し得たこと（中略）専ら礼拝の対象たりし天国の宝座に在りし釈尊を降して地上人間に位せしめ、その人格性を忌憚なく究明し、人類の師として友として親しく相握手せしむるまでに人間に近づけたる変化も、また確かに明治宗教史上の一驚異と認めらるべきであろう。（『明治宗教史』）

と述べている。この一節に示されるように、明治の新思潮の中で、仏教は、神話と伝説の彼方から人間の側に引き寄せられた。

人間的なもの

清沢が東京大学予備門に入った一八八〇年代、「人権論争」が活発であった。一方では、加藤弘之（ひろゆき）の『人権新説』（一八八二年）にみられるように、天賦人権（てんぷじんけん）説を否定するような学説（国権論）が提出され、また他方では、植木枝盛（うえきえもり）の『天賦人権弁』（一八八三年）の反駁（自然権の主張）が出ていた。清沢の人権論に関する直接の発言はあまりみえないが、宗教哲学を専攻し、早くから西欧的思考に馴染んでいた彼は、人間的な面では、ストア派の地球市民的人間観に親近性を感じたものと思われる。彼はその講義録に次のようにいう。

徳の為には、家族、国家を離るる事もあり。蓋し（けだし）賢者は一国の民にあらずして、天下の民なればなり。（これ万国同胞世界 Cosmopolitanism と云うものなり。）これに付いてエピクテート氏は云う。万民は同胞なり、共に一神を父とするがゆえにと。

（「西洋哲学史講義」）

このようなストア派の人間観は、人間を「天下の民」＝天民とみるものであり、それは近代における天賦人権説にも通ずるものがある。清沢は、ストア派のこの人間観に特にエピクテートスの語録を通して早くから親しんでいた。

エピクテート氏云く。「万民は同胞（兄弟）なり。共に一神を父とするがゆえに」と。他人を害するは自己を害するより哀し。其人の自由なると然らざるとに関せざるなり。吾は人間なり。故に人間的のものは一も疎外すべきものにあらず。徳を以て恨に報いよ。敵を愛せよ。（セネカ、シセロ。）奴隷も亦人なる事を知る可し。（万民同愛は基督教の創説する所なりとするは誤れるを知る可し。）（「西洋哲学史試稿」）

『臘扇記（ろうせんき）』に端的にうかがわれるあの『エピクテタス語録』への熱烈な傾倒ぶりから推察すれば、清沢の精神主義は、このストア主義の万民同朋的な人間愛をうちに含む思想であったと考えられる。

Ⅱ　「人」の教学

「個」、そして「人」

前にも触れたように、清沢は、

Know Thyself is the Motto of Human Existence? 自己とは何ぞや。是れ人世の根本的問題なり。

（『臘扇記』明治三十一年十月二十四日）

と記している。この表白が示すように、彼は徹底して「個」を問うた人であったが、それは「人（にん）」すなわち宗教的「個」への実存的な関心に培われたものであった。

改めて清沢が、「余の三部経」として、『阿含経（あごんきょう）』『エピクテタス語録』『歎異抄』の三つの聖典を選んだ意味の深さを想う。釈尊が弟子へ話しかけた内容を記録し、仏道を説く『阿含経』、古代ローマの奴隷であり哲人であったエピクテートスの箴言集である『エピクテタス語録』、そして親鸞の信仰を生き生きと語る『歎異抄』。いずれも形而上学的な思想を開陳する深遠な奥義書ではなく、平生の生活の中から人生の真実を直接語りかける言行録である。そこに登場する釈尊、エピクテートス、親鸞は、権威の高みから告命する神格的存在ではなく、あくまでも人間として、対話する相手と同じ地平に立って、自らの信念を述べる人格的存在として、私たちの同伴者の位置にある。

この三人の先覚者の中で、親鸞の存在は、宗祖として特に重要であるが、近世においては、その存在は、伝説や談義本の覆いの陰に隠れ、実像は見えにくかった。それゆえに古典的な親鸞像は、近代の実証的研究の進展とともに解体されなければならなかった。

近世の真宗門徒において、宗祖親鸞とその念仏の教えが深く帰依・崇敬されたことは申すまでもない。『妙好人伝』（仰誓編）は、そんな庶民の姿を鮮烈に記録している。これを読んで、私たちは、宗祖の教えに順じた、個性豊かな数多くの念仏者たちが実在していたことに驚嘆する。

ただ、当時の人々にとって、「人」としての親鸞は、等身大には見えていなかった。『妙好人伝』の編者の意図を反映してか、理不尽な社会の仕組みや隣人の仕打ちに、不平や不満を洩らすことなく、唯々諾々と服従していく者たちが、親鸞の徒として賞讃されている。近世封建社会に期待される人間像が、宗祖親鸞の教えに育てられた者として描かれている。近世の王法為本・仁義為先の宗規に則って、社会の不条理に黙々と随順していく人間像を、一面よしとしていた。

そのような封建期の庶民を精神的に支える宗祖として、近世的親鸞像は成立していたが、その像が『歎異抄』の普及や歴史研究によって覆されたのが近代である。近代の到来は、親鸞の存在を、薄暗い拝殿の深奥から身近な位置へと徐々に引き寄せた。いわば人中の「人」として、親鸞は新しい角度から脚光を浴びたのである。明治から大正へと貫流する宗教的思潮の流れは、端的に真宗を権威主義の立場から人間主義の立場へと変換するものであった。

「人」の目覚め

「天上天下唯我独尊」（天の上、天の下に、唯われ独り、尊し）という釈尊の「誕生偈」が象徴するように、仏教は、人間自身を尊重する教えである。ただ、自分の内側を見ると、尊敬できる部分は僅かで、尊敬できない部分がほとんどであることに気づく。1. 我痴、2. 我見、3. 我慢、4. 我愛（四根本煩悩、四惑）という自我の固まりの実相が見えてくる。

このように自我に執われた人間の相について、近代の哲学者である三木清（みききよし）（一八九七～一九四五）は、

彼等は我愛、我慢のこころを離れず、我に執著している。（中略）かくして迷信の根拠は我愛、我慢のこころであり、我を超越した天や鬼を拝して

いる者は実は我を拝しているのである。

（遺稿『親鸞』）

といっている。宗教の名のもとに、人は、つまるところ自己を拝しているのだと、三木は喝破している。ここでいう「彼ら」とは、真の信仰と自己崇拝（＝自我満足）とを取り違えている私たち自身のことに他ならない。

仏教では、独尊者としての人間の尊厳を説きつつ、同時に、自己存在の内奥に潜む自我を翻して、もう一人の自分、本来の自己、すなわち「人」に目覚めるべきこと、すなわち凡夫たる私が、人中の人たる仏・菩薩の心に目覚めるべきことを教える。原始仏典の『真人経』では、「人」を真人（しんにん）と呼び、真人の法について、具体的に、自らの凡夫性の目覚めと他者の尊重の大切さを説いている。

親鸞は、承元（じょうげん）の法難（一二〇七年）による流罪後、「いなかのひとびと」（『唯信鈔文意』『一念多念文意』識語）と共に生活していくなかで、

よしあしの文字（もんじ）をもしらぬひとはみな
まことのこころなりけるを
善悪（ぜんあく）の字しりがおは
おおそらごとのかたちなり

（『正像末和讃』）

と讃詠されるように、異境の地で、知識からも文化からも疎外されて生きる、底辺の人々に「まこと」を、つまり真人（しんじん）を見出した。

さて、このような「人」の目覚めを、近代の仏教者の文脈に尋ねてみると、「人」の教えは、さらに別の角度から見えてくるように思われる。清沢満之は、『臨済録』に共鳴して、その日記に、

臨済録云（にいわく）、一無為の真人有り、二六時中爾（なんじ）の面門より出入す、無為の真人とは何者乎（か）、仏を恥（はずかし）めず、真人を忘れざる者は独尊子也。

（『臘扇記』）

と記している。この一節は、一八九八（明治三十一）年十一月二十八日、すなわち親鸞の祥月命日に当たる日に書かれている。清沢は、『阿含経』の釈尊に仏を、『歎異抄』の親鸞に「人」を仰いでこのように認めたのであろう。

清沢門下の佐々木月樵は、「大谷大学樹立の精神」のなかで、入学した者は、どの学問分野を専攻するにしても、釈尊の生涯と親鸞の生涯について学ぶべきであると説く（その教育理念は今なお「人間学」の名で大谷大学のカリキュラムに引き継がれている）。「人」の解放（「大谷大学樹立の精神」）を願った佐々木は、清沢と同様、釈尊に仏を、親鸞に「人」を見出すがゆえに、入学者が祖聖の宗教的人間像とその生の姿に触れることを願ったのである。

また佐々木の友人であり、自ら臨済禅の実践者であった鈴木大拙は、臨済禅師の教えを人の思想と捉え、

> 臨済の言葉で云うと、霊性は人である、「一無位の真人」である、また「無依の道人」である。（中略）『臨済録』は、この人によりて説かれ、こ

の人のはたらきを記録したものである。

（『臨済の基本思想』）

と言う。鈴木は、『臨済録』を通して、仏教の思想を「人（にん）」の思想と見定め、その到達点、すなわち霊性的自覚の当体を真人とする。彼は、真宗では、讃岐の庄松（しょうまつ）、物種吉兵衛（ものだねきちべえ）、浅原才市（あさはらさいち）、足利喜三郎（因幡（いなば）の源左（げんざ））などの妙好人にやがて関心を示したが、それは庶民の中に霊性的自覚の独特の開花を見たからである。

Ⅲ　人間の復興

親鸞を師表と仰いで

真宗の教えに帰依する者にとって、宗祖親鸞は、「師表（しひょう）」すなわち模範として仰がれるべき第一の人である。語義としては、「師」は教え導く者、「表」は時刻を知るための柱の意とされる。宗祖の教えとその生き方は、それを聞思する者において、内に顧み、自らの位置を見定めるための規準（メルクマール）ということができる。

ところで、大正デモクラシーの語が示すように、大正期に入って、護憲派の民衆デモ、桂太郎内閣の総辞職（大正の政変）を経て、吉野作造の「民本主義」論や石橋湛山の「人民主権」論などが唱えられ、人間復権の思潮が高潮してくるが、真宗に関していえば、「人の世に熱あれ、人間に光あれ」（「水平社宣言」）と呼びかけた西光万吉（一八九五～一九七〇）の、

念仏者は人間を見る。業報に喘（あえ）ぎつつ白道を進む人間の相を見る。

（「業報に喘ぐ」）

という切言が注意される。「業報に喘ぐ」は、水平社創立の一九二二（大正十

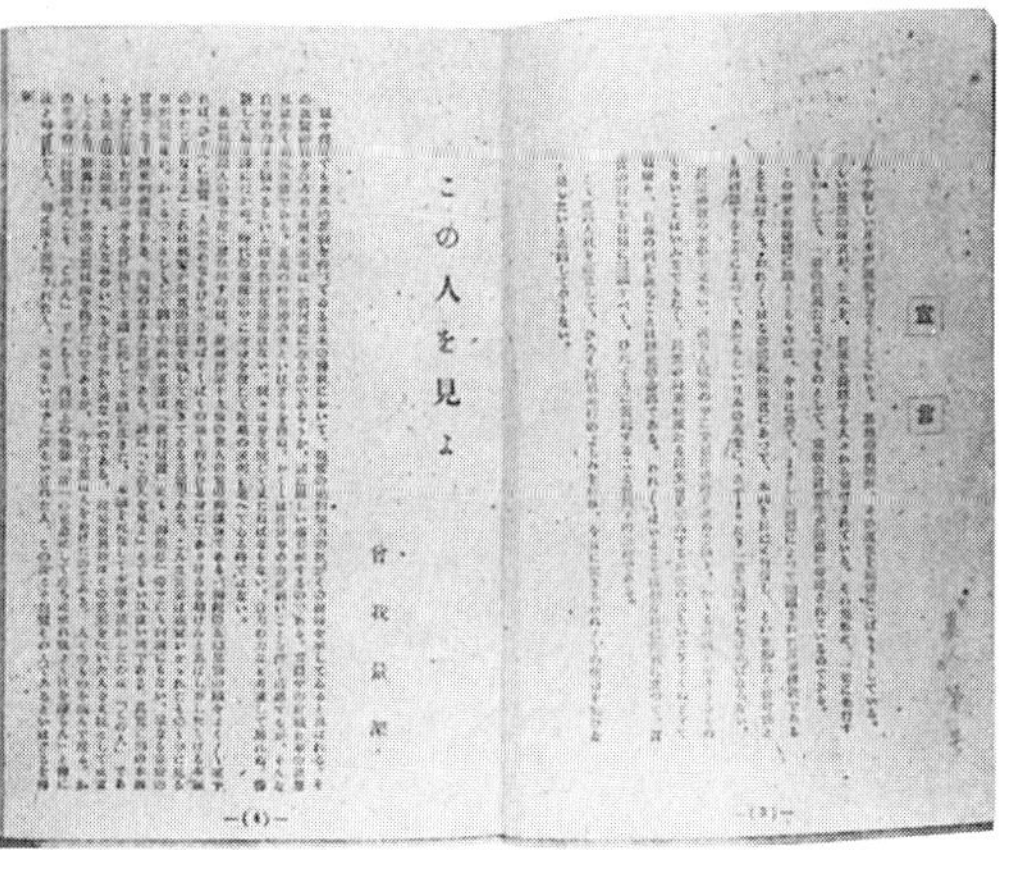
宣言

この人を見よ

『真人』掲載「この人を見よ」

二）年の秋から冬にかけて『中外日報』に連載された論文であるが、人間の中にあって、つねに人間を忘れることのなかった親鸞を、念仏者の師表（＝「人」）と見定めるがゆえに、西光は、その末徒にこのように促しているのである。

興味深いのは、このように「人」を仰ぐ伝統が、いわば地下水のように、現在の真宗大谷派の信仰運動に引き継がれていることである。いま大谷派で展開されている同朋会運動の鉱脈をたどると、一九四八（昭和二十三）年に発足した真人社の信仰運動に行き当たるが、書題の命名を曾我量深に負う機関誌『真人』創刊号の巻頭言で、曾我は「この人を見よ」と題する一文を寄せている。この人とは「人」すなわち真人・親鸞にほかならない。親鸞に帰れ、という呼びかけがこのタイトルに端的に現れている。

信の再生

私は、親鸞教学を「人」の教学と見定めたことに、近代教学の性格の一端をみたいと思う。近代教学の先覚者たちは、人智に基づいて人間が人間をみるという立場、いわゆるヒューマニズムの立場からではなく、念仏の信、清沢満之のいわゆる「仏智回向の信心」（「六花翩々」）において人間をみたのである。

そのような「人」の教学の伝統を承けた人々は、枚挙に暇ない。大正期の中でその後継者のひとりとして想起されるのは、たとえば武内了温（一八九一～一九六八）である。武内は、幼少のとき孤児となり、東本願寺二十三世彰如

（大谷光演）の経済的援助を受けて京都大学哲学科を卒業する。その道筋は、吉田賢龍の導きによるという。吉田は、『精神界』創刊時からたびたび寄稿し、真宗大学では教授として宗教史を担当し、清沢とも縁の深かった人である。

武内は、一九一九（大正八）年滋賀県社会改良事務嘱託となるが、翌年大谷派の招きに応じ、二一（大正十）年同派内に社会課を設置する。二六（大正十五）年には大谷派真身会を設立し、部落差別問題を中心に、社会の諸問題に中心的に関わり、また光明会を設立し、ハンセン病の問題にも着手した。

武内了温

武内の志願は、親鸞の信仰に基づく人間の復興であった。彼は、『文化時報』に掲載した論考を一書に纏めるにあたり、自らの宗教的信仰との出会いについて、宗教によって生きんとしたのは、私一生の使命であった。幼にして父に別れ、貧困の底の寺院に育ち、諸有意味(あらゆる)に於て、既成宗教によって人間性を奪われたといってよかった中に、而も宗教と離れては生きられなかったのである。（中略）今私は、宗教によって奪われたる人間性をただ宗教によってのみとりかえし得た。

（『人間復興』序）

と告白している。武内にとって「宗教」とは、人間復興へと導く親鸞の念仏道にほかならなかった。『武内了温―武内了温遺稿集』（橘了法編）所収の遺詠十首には、冒頭に、

われひとり　人をも人と思わねば　人にも人と　おもわれずあり。

という一首が載せられている。ここに武内の信の立場がよく現れている。武内は、仏智回向の信心によって、「人をも人と思わ」ない差別者としての「われ

ひとり」を見つめ、その自覚を基底にして、「自信教人信の誠」（清沢満之）を尽くす念仏者としての道を歩む。信の再生に人間復興の道筋を求めたのである。そこに、私たちは「人」の道を尋ねた近代教学（＝新・親鸞主義）の後継者のひとりをみることができる。

おわりに

日本の近代が、明治の開国から始まるとすれば、すでに百五十年ほどの歳月が経過している。その間、親鸞は、宗教的・歴史的・社会的・思想的など、多様な次元から、さまざまな形で再発見され、また再評価されてきた。宗門的次元として、たとえば真宗大谷派では、「宗門近代史の検証」というテーマのもと、『宗報』などの機関誌の復刻を通して、その歩みを検証する機縁が生まれ、現在に至っている。

本書において私は、〈近代日本と親鸞〉という課題をいただき、「信」という次元において、近代日本（人）と親鸞との関わりの一半を辿ってみた。その次元も多層的であるが、主として代表的な教学者、思想家の場合を例にとって叙述した。「近代」と銘打って、肝心な昭和に触れてないではないか、あるいは諸先覚を中心として記述するに終始し、大切な民衆の信への考察が欠けているのではないか、とのお叱りを受けるかもしれない。論述を、明治と大正の二期にかぎったのは、最初にも触れたように、近代における「信」の原型がそこに出ていると考えたからである。また近代において、信の次元を切り開いた先覚者に絞ったのは、私自身が真宗大谷派の同朋会運動の思想的支柱となった近代教学の伝統の中に育った者だからである。

近代日本の信の軌跡を俯瞰することはなかなか困難な作業ではあるが、先覚者たちにおける信の再生への苦闘を振り返ってみると、それらの苦闘の歴史を飛び越えて、一挙に親鸞に対面することは不可能であるという感を抱く。とりわけ近代教学の伝統を無視しては、その対面はなしえないとの感を深くする。私たちは、伝統に眼を開き、その伝統を踏まえた上で、新たに出発しなければならない。

その観点から、私自身は、親鸞に学ぶ者として、新・伝承派と自らを位置づけている。この自己規定については、訝る（いぶか）むきもあろうかと思われるが、身近な例を挙げて説明してみたい。戦後のアメリカ文化の影響を受けた私は、近代といえばモダンという英語を、モダンといえば、モダン・ジャズという音楽ジャンルを連想する世代を生きた者である。とりわけ私は、学生時代にいわゆるモダン・ジャズという音楽文化の洗礼をうけた。では、スウィング・ジャズから発展したモダン・ジャズは、いまどうなっているだろうか。さまざまなスタイルが出つくして、ひとつの伝統的音楽(クラシック)という形態に化している。しかし過去の遺産を踏まえながら、これを現代の音楽へと昇華しようとしている若い音楽家たちも少なくない。彼らは、しばしば新・伝承派(ニュー・トラディショナル・スクール)と呼ばれている。

他の文化領域のそんな例をみて、自らを省みると、真宗学を学ぶ者として、信の再生に尽くした先覚者たちの仕事を、自分の持ち場で継受する他はなく、同時に、この遺産を新しい形で受け継ぐ以外に、未来への継承はないと思う。

現代の思想状況は、しばしばポスト・モダン(近代以後)といわれ、近代にはない諸問題が露出しているとされる。これは宗教の場面についても同様である。その文脈で、「ポスト・モダンの親鸞」ということも折に触れ論議される。いまの私に、その論議の輪に入る用意はないが、まさしく現今の状況は、新しい思考の枠組みの変化、すなわちパラダイム・シフトを要求しているようである。ただ、「モダンの親鸞」との接続面の確かめを抜きにしては、「ポスト・モダンの親鸞」ということも論議しえないのではないか。

そういう意味で、今回、明治・大正に限ったとはいえ、〈親鸞と近代〉の関わりを通観し、改めて、自分の立つべき視座を再確認する機会をいただいたことは、私には貴重な体験であった。ここへと導いて下さった方々に感謝し、筆を擱きたい。

主要参照資料

教学研究所編『近代大谷派年表』第二版（二〇〇四）

真宗大谷派同和推進本部編『部落問題学習資料集』付「年表」（一九九二）

柏原祐泉編『近代大谷派の教団——明治以降宗政史』付「略年表」（一九八六）

親鸞・真宗関係〈近代略年表〉

西暦	和暦	書籍	教団	社会
一八五八	安政 五		六月 京都市中より出火、東本願寺両堂類焼す。	九月 京都・江戸で尊攘派逮捕される（安政の大獄のはじまり）。
一八六〇	万延 元		八月 東本願寺仮両堂落成。	三月 水戸・薩摩浪士ら、大老井伊直弼を暗殺（桜田門外の変）。
一八六一	文久 元		九月 西本願寺御影堂修復完成。	
一八六二	二	香山院龍温、『闢邪護法策』を著す。	三月 宗祖六百回御遠忌。 この年、明朗、西本願寺改革を唱える。	一二月 高杉晋作ら、英国の公使館を焼打ちする。
一八六三	三		六月 清沢満之（徳永満之助）生まれる。	二月 西本願寺、門末に勤皇攘夷を諭する。
一八六四	元治 元	福田義導、『御消息第二章甲子録』を著す。	七月 東本願寺両堂、「禁門の変」の兵火のため焼失。	
一八六五	慶応 元		三月 厳如・現如、江戸	

一八六六	二		城へ登城。	一月　薩長同盟結ばれる。
一八六七	三		一二月　西本願寺、朝廷に三千両を献金。	一〇月　将軍慶喜、大政奉還を請う。
一八六八	明治　元	福田義導、『天恩奉戴録』を著す。	一月　薩長両兵、東本願寺に対する砲撃を、山階宮晃親王・興正寺摂信の仲介で止める。 八月　東本願寺、耶蘇教研究のため護法場を設置。	一月　鳥羽伏見の戦（戊辰戦争）起こる。明治維新。 三月　神仏分離令（神仏判然令）出される。「五箇条の御誓文」発布。
一八六九	二		一一月　東本願寺、門跡の称号を門主と改称。 一一月　鹿児島で一〇六六ヶ寺の廃寺が行われ、僧侶二九四一人還俗させられる。	三月　東京遷都。 四月　加藤弘之、穢多・非人の称廃止を建議。 六月　招魂社創建。
一八七〇	三		二月　現如、北海道開拓にあたる。	一月　大教宣布の詔、発布される。
一八七一	四	東本願寺、寺務所より『配紙』を創刊。	三月　三河菊間藩の真宗僧侶・農民、廃合寺に	八月　賤称廃止令布告。 十月　宗門人別帳・寺請

一八七二	五		反対して騒擾。 三月　一向宗の名を廃し、真宗の宗名公認される。	制度廃止。 四月　「三条の教則」を教導職に交付。 一二月　徴兵令を頒布する。
一八七三	六		三月　越前で護法一揆起こる。 八月　東本願寺、高倉学寮を「貫練場」と改称。	二月　切支丹禁制の高札を徹去。 七月　地租改正条例を布告。
一八七四	七	小栗栖香頂、『北京護法論』を撰述する。 大内青巒・島地黙雷、『報四叢書』を創刊。		一月　副島種臣・後藤象二郎・板垣退助ら、民選議院設立建白書を左院に提出。
一八七五	八		一月　真宗各派、大教院より離脱する。	四月　福沢諭吉、『文明論之概略』を刊行。
一八七六	九		六月　笠原研寿・南条文雄、インド留学・欧州留学を命ぜられ、出発する。 一一月　宗祖に「見真」の大師号贈られる。	一〇月　不平士族の内乱（神風連の乱、秋月の乱）。

一八七七	一〇	福田義導、『真宗王法為本談』を著す。		二月　西郷隆盛ら鹿児島・福岡・大分県士族、反乱を起す（西南戦争）。 四月　東京大学開設。
一八七八	一一	東条義門、『三部経和語説』刊行。	五月　越後国松山・曾根・脇之町の三支校を廃し、米北小教校へ合併する。	二月　仏教各宗派に肉食妻帯勝手たるべき旨示達される。 一一月　アイヌの呼称を「旧土人」に統一するよう布達。
一八七九	一二		五月　東本願寺両堂再建事務局設置。	六月　東京招魂社を「靖国神社」と改称、別格官幣社に列する。
一八八〇	一三	二月　西本願寺の機関紙『竜谷新報』創刊。 七月　東京開導社『開導新聞』を発刊。	七月　東本願寺、育英教校・教師教校・中教校の三校を合併して、上等普通教校と改称し、条規・課業表を定める。	
一八八一	一四		六月　西本願寺を本願寺	一〇月　自由党結成。板

一八八二	一五	六月　占部観順著『改悔文略解』、発行停止される。	派、東本願寺を大谷派と改称。 三月　蓮如へ大師号「慧燈」が宣下されるとともに、山科の蓮如墳墓の地が東西本願寺へ下賜される。 五月　西本願寺築地別院落成。 一二月　東本願寺、貫練教校を大学寮と改称し、講師・嗣講・擬講をおき、大学寮の生徒を所化と改称する。	垣退助自由党総理。 三月　大隈重信ら、立憲改進党結成。 一〇月　中江兆民、『ルソー民約訳解』刊行。
一八八三	一六	南条文雄・マックス・ミュラー、『梵文無量寿経』『梵文阿弥陀経』刊行。	七月　門徒であれば、教法の信不にかかわらず神道各宗教会に加入することを禁ずる。 一〇月　東本願寺、大学寮に総監をおき、南条	一月　馬場辰猪、『天賦人権論』刊行。 七月　鹿鳴館落成。

一八八四	一七	織田得能・島地黙雷、『三国仏教略史』刊行。	神興初代総監になる。 五月　南条文雄、英国留学より帰国。	一月　井上哲次郎・井上円了・有賀長雄・三宅雪嶺ら、東京大学に哲学会を創設。 一〇月　秩父事件起こる。
一八八五	一八	六月　東本願寺、『配紙』を廃し、『本山報告』を毎月一回発行。	四月　西本願寺普通教校開校。 一一月　東本願寺、相続講設立。	九月　坪内逍遥、『小説神髄』刊行。 一二月　太政官制を廃止し、内閣制度を確立。第一次伊藤博文内閣成立する。
一八八六	一九	井上円了、『耶蘇教を排するは理論にあるか』『耶蘇教を排するは実際にあるか』を発表。	一月　西本願寺、宗制を定める。 三月　東本願寺、本山および地方に相続講事務取扱所をおく。 九月　真宗大谷派宗制寺法を発布。	一月　徳富蘇峰、『将来之日本』刊行。 三月　帝国大学令公布、東京大学を帝国大学と改組。
一八八七	二〇	井上円了、哲学館（後の東洋大学）を創設する		一二月　保安条例公布し即日施行（秘密結社・

		とともに『真理金針』『仏教活論』などを刊行。 八月　西本願寺の普通教校生徒有志で組織した反省会、『反省会雑誌』（『中央公論』の前身）を創刊。		集会の禁止など）。
一八八八	二一	平野聞恵、『五岳詩鈔』、是海（佐々木徹周）、『深信廃立正謬録』刊行。	六月　南条文雄、博士号授与さる。 九月　清沢満之、京都府尋常中学校長として赴任。	一月　中江兆民『東雲新聞』創刊。 四月　三宅雪嶺ら政教社を結成、機関紙『日本人』を発行。
一八八九	二二		一二月　東本願寺執事に渥美契縁が就任。 四月　御影堂を「大師堂」と改称。 一〇月　厳如、引退し、現如第二二世を継職する。	一月　大内青巒ら尊皇奉仏大同団を結成。 二月　**大日本帝国憲法発布**。 九月　井上哲次郎、『内地雑居論』刊行。

				一二月　第一次山県有朋内閣成立。
一八九〇	二三	平松理英、『三河大浜廻瀾始末』刊行。	一月　西本願寺、宗報として『本山月報』を創刊。 七月　清沢、京都府尋常中学校校長を辞任（八月、稲葉昌丸就任）。	二月　徳富蘇峰、『国民新聞』刊行。 一〇月　「教育勅語」を発布。 一一月　第一回帝国議会開会。 この年、仏教公認教運動と宗教法案否決運動が展開される。
一八九一	二四		四月　清沢満之、細川千巌・楠潜龍・稲葉昌丸とともに岡崎学館の組織改革を提議、主任に就く。	一月　内村鑑三、「教育勅語」拝礼を拒み、不敬事件起こる。 一一月　文部省、学校へ天皇・皇后の真影・「教育勅語」謄本の奉安所を作るよう通達する。
一八九二	二五	八月　清沢満之、『宗教哲学骸骨』刊行。	一月　東本願寺、毎年五月、「酬徳会」を執行す	一月　久米邦武、「神道は祭天の古俗」発表、

			ることを決す。	帝大教授非職となる。
一八九三	二六	八月　東本願寺、従来の『本山事務報告』を『本山報告』とす。英訳され、シカゴ万国宗教大会に紹介される。	一一月、本堂再建上棟式。 三月　京都府尋常中学を府に返還。大谷尋常中学校と改称し、校長に沢柳政太郎を迎える。	一一月　黒岩涙香、『万朝報』創刊。 四月　井上哲次郎、『教育と宗教の衝突』刊行。 九月　シカゴ万国宗教大会開催。
一八九四	二七	四月　村上専精・鷲尾順敬・境野黄洋ら、雑誌『仏教史林』を発刊。	一月　巌如没。 四月　相続講の伸展により借金を完済。	八月　日清戦争勃発。
一八九五	二八	一一月　雑誌『無尽燈』創刊。	四月　東本願寺、両堂落慶。本堂遷仏式執行する。 七月　清沢満之・稲葉昌丸・今川覚神・南条文雄・村上専精ら一二名、寺務改革建白書を提出。本山寺務の根本方針を学事と教学におくべし	四月　日清講和条約に調印。

西暦	年齢			
一八九六	二九	一〇月　『教界時言』創刊。	と建言する。 九月　西本願寺、開教事務局を設置。 六月　真宗高倉大学寮条例・真宗大学条例を定める。 一〇月　井上豊忠・清川円誠・月見覚了ら、役職を辞し、清沢満之・稲葉昌丸らとともに、京都白川村に籠居。	九月　釈宗演らの呼びかけで、第一回宗教家懇談会を開催。村上専精・海老名弾正ら参加。
一八九七	三〇	九月　東本願寺、従来の『本山事務報告』を『常葉』に改称。	「教界時言社」を設立し、本山改革を唱える。 二月　大谷派事務革新全国同盟会、僧俗三百余名集まり河原町共楽館で発会。 四月　占部観順、真宗大学学監になる。 七月　酬恩会・貫練会・表正会起る。	三月　足尾銅山鉱毒事件起る。 五月　高山樗牛ら『日本主義』創刊。 日本主義、社会主義の思潮盛ん。 七月　雑居準備護法大同団を京都で結成。

一八九八	三一	三月　『教界時言』廃刊。 四月　真宗高倉大学寮内貫練会より雑誌『貫練会報』創刊。 一〇月　『常葉』を『宗報』に改める。	九月　巣鴨監獄教誨師問題起る。	六月　自由党・進歩党が合同し、憲政党を結成。 キリスト教の教勢不振となり、青山学院神学部生徒わずか八人となる。
一八九九	三二	一月　近角常観、『政教時報』を発刊。 三月　境野黄洋ら、仏教清徒同志会結成、雑誌『新仏教』を発刊。	一月　東京で全国仏教徒大会を開き、宗教法案反対の表明をする。 五月　真宗大学条例発布。 七月　占部観順、擯斥される。 十月　真宗大学の東京移転を可決。 一二月、帝国議会に宗教法案が提出される。	三月　北海道旧土人保護法制定。 七月　外国人の内地雑居を実施する。
一九〇〇	三三	信珠院丹山、『言南無者釈義』刊行。	一月　宗教法案反対全国仏教徒大会。 二月　貴族院、宗教法案を否決する。	三月　治安警察法公布。 九月　立憲政友会結成され、伊藤博文、総裁に就任。

一九〇一	三四	一月　雑誌『精神界』創刊。 七月　村上専精、『仏教統一論』第一編「大綱論」を著し、大乗非仏説論を唱える。 一一月　浩々洞より『家庭』発行。	四月　西本願寺、大学林を仏教大学とする。 九月　清沢満之・暁烏敏・佐々木月樵・多田鼎ら東京に集まる(浩々洞の始まり)。 九月　西本願寺、大日本仏教慈善会設立。 一〇月　真宗大学開校。清沢満之、真宗大学学監に就任。 一〇月　村上専精、大乗非仏説論により、僧籍を除かれる。 一一月　浩々洞にて日曜講話を開始。	一月　キリスト教、二〇世紀大挙伝道運動実施。 五月　社会民主党の結党禁止。 六月　社会平民党の結党即日禁止。
一九〇二	三五		五月　近角常観、東京森川町に求道学舎を開設する。 八月　大谷光瑞ら中央アジア仏蹟探検のためロ	一月　八甲田山で雪中行軍により二〇〇名凍死。 同月　日英同盟締結。

一九〇三	三六	一月　暁烏敏、「『歎異鈔』を読む」を『精神界』に連載開始。 五月　清沢満之、『我信念』を脱稿。	ンドンを出発。 九月　和歌山県で本願寺派布教使差別事件起る。 一〇月　真宗大学学生、主幹関根仁応の排斥運動を起す。 清沢満之、真宗大学学監を辞任し、大浜西方寺に帰る。 二月　真宗大学学監に南条文雄就任。 三月　渥美契縁、寺務総長になる。 六月　清沢満之逝去。 八月　西本願寺の前田慧雲ら高輪仏教大学廃止反対を契機に真宗本派同志会を結成。	五月　藤村操、「巌頭之感」を遺し自殺する。 六月　内村鑑三、『聖書之研究』により日露非開戦、戦争絶対反対を主張。 七月　大日本同胞融和会創立総会が開かれる。 一一月　幸徳秋水・堺利彦ら、平民社を設立し、『平民新聞』創刊。
一九〇四	三七	一月　佐々木月樵、『精	西本願寺一一三人をはじ	二月　日本、ロシアに宣

		神界』に「親鸞聖人伝」掲載。 四月　曾我量深、『精神界』に「日蓮論」連載。 五月　近角常観、『求道』発行。 六月　高木顕明、「余が社会主義」を起草。	め、仏教各宗派、従軍布教師を派遣。 一一月　石川舜台、寺務総長に就任。	戦布告（日露戦争）。 五月　東京芝に大日本宗教家大会を開催、日露戦争協力の態度を宣言す。 九月　与謝野晶子「君死に給ふこと勿れ」発表。
一九〇五	三八	六月　伊藤証信、僧籍を脱し、東京で無我苑を経営し、雑誌『無我の愛』を発行、その中で「真宗大谷派の僧侶に告ぐ」を発表。河上肇入苑（一二月）。	二月　西本願寺系の大日本仏教慈善会設立。 四月　西田天香、啓示をうけ、滋賀県長浜で一灯園開教。	三月　東京帝大に宗教学講座新設。 九月　日露講和条約締結。 同月　日比谷焼打事件。
一九〇六	三九	九月　前田慧雲ら、『教界時事』を『警世新報』と改題。	七月　高倉大学寮内に布教講習所を設ける。 八月　東本願寺、海外開教条規を定める。 暁烏敏、恩寵主義の信仰に入る。	一月　第一次西園寺公望内閣成立。 同月　河上肇、『社会主義評論』刊行。 三月　島崎藤村、『破戒』刊行。

一九〇七	四〇	八月　西田幾多郎、「知と愛」を『精神界』に寄稿。 一二月　浩々洞出版部を「無我山房」と改称。		四月　官国幣社の経費は国庫負担と決定。 六月　片山潜ら、週刊『社会新聞』創刊。 八月　加藤弘之、『吾国体と基督教』により、キリスト教を攻撃。 九月　田山花袋、『蒲団』発表。
一九〇八	四一	四月　南条文雄、『大経梵文和訳支那五訳対照』刊行。 八月　多田鼎、『恩寵の宗教』刊行。	一一月　彰如（大谷光演、句仏）、門主を継職。	六月　赤旗事件。 七月　西園寺内閣総辞職。 一〇月　戊申詔書発布。
一九〇九	四二	五月　暁烏敏、「罪悪も如来の恩寵なり」を『精神界』に寄稿。 同月　浩々洞編纂『仏教辞典』刊。	五月　東本願寺、大師堂門立柱式。 一〇月　仏教救済会（仏教徒有志団）設立。 一一月　西本願寺大挙伝道。	一〇月　伊藤博文、ハルピンで暗殺される。
一九一〇	四三	二月　佐々木月樵、『親	四月　東本願寺、大師堂	四月　武者小路実篤ら、

西暦	年号	親鸞・真宗関係	真宗関係	一般
		鸞聖人伝』刊行。 一一月　浩々洞編『真宗聖典』刊行。 この年、長沼賢海、『親鸞聖人の研究』を著し、親鸞伝に対する疑惑を深める。これを契機に「親鸞抹殺論」が盛んとなる。	門上棟式・造作起工式。 七月　高木顕明、大逆事件の嫌疑により逮捕。	『白樺』創刊。 五月　幸徳秋水ら各地の社会主義者逮捕つづく（大逆事件）。 八月　韓国併合。日本が朝鮮を植民地化する。 同月　石川啄木、「時代閉塞の現状」発表。
一九一一	四四	一月　木下尚江、『法然と親鸞』刊。 四月　大谷派慈善協会機関誌『救済』を発行。 同月　暁烏敏、『歎異鈔講話』刊行。 同月　佐々木月樵・鈴木大拙共訳『英訳御伝鈔』刊行。	一月　高木顕明、死刑判決をうける。同日付で擯斥に処せられる。 四月　宗祖六百五十回御遠忌。 同月　感化救済事業講演会を開催し、大谷派慈善協会を設立。 九月　学校条例を定め、高倉大学寮と真宗大学とを合して真宗大谷大学と改め、真宗中学と	一月　西田幾多郎、『善の研究』刊行。 同月　幸徳秋水ら一二名、死刑となる。 六月　平塚らいてう（雷鳥）ら、青鞜社を結成。

一九一二	四五 大正 元	三月　柏原祐義、『浄土三部経講義』刊行。 同月　中井玄道、『歎異鈔』を英訳。	ともに京都におくことを決める。 一〇月　真宗大谷大学、高倉魚棚の仮校舎にて開校。 二月　真宗大谷大学学生四一名、旧高倉大学寮教授吉谷覚寿ら六名の不信任書を提出し、同盟休校に入る。	七月　明治天皇没。 八月　奈良県下被差別部落民、大和同志会を結成、機関誌『明治の光』創刊（一〇月）。 一二月　陸軍の陸相後任拒否のため、西園寺内閣総辞職（大正の政変のはじまり）。
一九一三	二	一月　『真宗全書』四九巻刊行始まる。 二月　山辺習学・赤沼智善共著『教行信証講義』第一巻刊行。 同月　暁烏敏、「かくして私は凋落してゆく	一一月　西本願寺の改革運動が活発となり、東京に猶興会、大阪に愛宗会など結成され、教団の教学・財政の混乱を批判。 同月　真宗大谷大学校舎	二月　桂太郎の立憲同志会成立。 同月　第一次山本権兵衛内閣成立。 九月　中里介山、『大菩薩峠』執筆開始。

		か」を『精神界』に寄稿。	新築移転落成式。	
一九一四	三	二月　清沢満之全集『信仰及び修養』刊行。 六月　仏教大学編『仏教大辞彙』三巻刊行始まる。 九月　多田鼎、「私は此の如く動転せり」を『精神界』に寄稿。 六月　清沢満之全集『哲学及び宗教』刊行。 同月　曾我量深、「地上の救主」を『精神界』に寄稿。	六月　高木顕明、秋田刑務所にて縊死。 七月　南条文雄、真宗大谷大学学長になる。 九月　宗教法案問題につき、東京に各宗懇話会を開く。	四月　第二次大隈内閣成立。 同月　夏目漱石『こころ』、阿部次郎『三太郎の日記』発表。 五月　全国仏教徒社会事業大会。 六月　大江卓ら、帝国公道会を設立。『公道』創刊（九月）。 七月　第一次世界大戦はじまる。 八月　第一次世界大戦参加。

年	年齢			
一九一五	四	二月　金子大榮『真宗の教義及其歴史』刊行。 一〇月　清沢満之全集『日記及び語録』刊行。	四月　金子大榮、浩々洞に入り、『精神界』の編集にあたる。 一〇月　大谷派児童協会設立。 一一月　近角常観、東京森川町に求道会館を建設。	一月　日本、中国に「二十一ヶ条要求」を出す。
一九一六	五	八月　柏原祐義『真宗通解全書』刊行。 一一月『真宗大系』全三七巻刊行はじまる。 一二月　倉田百三、『出家とその弟子』発表。	七月　西本願寺、仏教日曜学校を設立。 一一月　仏教各宗五六派で仏教護国団を設立。	一月　朝永三十郎、『近世に於ける「我」の自覚史』刊行。 同月　吉野作造、「憲政の本義を説いて其有終の美を済すの途を論ず」発表。 一〇月　大隈内閣総辞職、寺内正毅内閣成立。 同月　憲政会結成。総裁に加藤高明就任。
一九一七	六	一月　織田得能遺稿『仏	一二月　曾我量深が『精	二月　河上肇『貧乏物語』、

		教大辞典』刊行。 一一月『仏教大系』刊行始まる。	神界』を編集することになり、曾我宅が編集所となる。	萩原朔太郎『月に吠える』刊行。 四月　妹尾義郎、『新興仏教の旗の下に』刊行。 九月　東京帝国大学に印度哲学講座が創設され、村上専精が担当。 一一月　ロシア革命（ソビエト政権樹立）。
一九一八	七	二月　真宗大谷大学仏教史学会より『戊午叢書』刊行。 この年、『南越是海全集』出版。	七月　東本願寺、寺務出張所および教務所に駐在をおく。	八月　シベリア出兵。 同月　米騒動起る。被差別部落大衆も多く参加。 九月　武者小路実篤ら、宮崎県で「新しき村」建設に着手。 同月　原敬内閣成立。 一二月　大学令公布。
一九一九	八	三月『精神界』廃刊を決定。 四月　真宗大谷大学より、『蓮如上人一期記』『拾	二月　帝国公道会、築地本願寺で同情融和大会を開く。 一〇月　木津無庵、東京	一月　パリ講和会議。 二月　各地で普通選挙実施期成大会開催。 三月　京城（ソウル）は

		塵記』刊行。 六月　金子大榮、『仏教概論』出版。 一〇月　本山内仏教学会から『問題叢書』一二冊の第一編『デモクラシー』刊行。	に誠明学舎を設立。 一一月　三河真宗協議会、内務省へ敬神問題についての伺書を提出する。 一二月　東本願寺、負債を完済し、整理特別会計法を廃する。	じめ朝鮮各地で独立運動（万歳事件）。 四月　山本実彦、『改造』創刊。
一九二〇	九	四月　真宗大谷大学雑誌『仏教研究』創刊。 この年、辻善之助、『親鸞聖人筆跡の研究』を著わす。東西本願寺・専修寺の宝物中で親鸞自筆といわれるものを調査し、親鸞の実在を証明する。	一月　東本願寺、真宗門徒の神宮大麻受不について混乱があり、改めて真宗門徒は受けるべきでないという回答をする。 八月　東本願寺、阿部恵水、寺務総長となる。 一〇月　西本願寺、京都女子高等専門学校開校。	五月　最初のメーデー。 一一月　アメリカ加州議会、排日土地法案可決。 同月　犬養毅・尾崎行雄ら、政界革新普選同盟会結成。
一九二一	一〇	二月　東本願寺、点字雑誌『仏眼』を創刊。 三月　東本願寺、月刊雑誌『教化』を創刊。	二月　東本願寺に社会課を設置、武内了温を社会課主事に迎える。 四月　佐々木月樵・鈴木	二月　小牧近江ら、『種蒔く人』創刊。 一〇月　『思想』（和辻哲郎編集）創刊。

西暦	年号	親鸞・真宗関係	宗教関係	一般
		同月　倉田百三、『愛と認識との出発』刊行。 四月　佐々木月樵・鈴木大拙ら、英文仏教誌『ザ・イースタン・ブッディスト』創刊。 この年、西本願寺の宝庫で、『恵信尼消息』十通発見される。	大拙ら、真宗大谷大学に東方仏教徒協会を設立する。 六月　住田智見・一柳知成ら真宗専門学校（同朋大学の前身）を東本願寺名古屋別院にて開設。学祖に住田、学長に一柳を頂く。	一一月　原敬首相暗殺される。 同月　高橋是清内閣成立。
一九二二	一一	三月　坂東本『教行信証』影印本刊行。 一〇月　金子大榮・曾我量深ら、『見真』創刊。 一二月　中沢見明、『史上之親鸞』を著す。	五月　高倉会館開館式を挙行。 同月　大谷大学、大学令による設立を文部省より認可。 同月　仏教大学、大学令により設立認可され、竜谷大学と改称。 七月　被差別部落の真宗僧侶有志で黒衣同盟を結成。 九月　大谷尊由、「親鸞	三月　全国水平社創立大会（委員長南梅吉）。「綱領」「宣言」「決議」を採択。 七月　日本共産党創立大会。 一一月　西光万吉、「人間は尊敬す可きものだ」を『水平』に掲載。

一九二三	一二	六月　松岡譲、『法城を護る人々』刊行。 七月　鷲尾教導、『恵信尼文書の研究』刊行。 八月　野々村直太郎、『浄土教批判』（原題「浄土教革新論」）出版。 一二月　金子大榮、『真宗学序説』発表。	聖人の正しい見方」を出版し、暗に水平運動を批判したことに対し、西光万吉、その反批判として「業報に喘ぐ」を『中外日報』に連載。 四月　立教開宗七百年記念法要。各派協和会募集の「真宗宗歌」を発表する。 八月　野々村直太郎著『浄土教批判』が西本願寺教学界の問題となり、のち野々村は僧籍を剝奪される。 一〇月　南条文雄、大谷大学学長を辞任。	四月　市川正一ら、『赤旗』創刊。 九月　関東大震災起る。朴烈事件起こる。朝鮮人暴動の流言ひろがり、朝鮮人多数殺害される。 同月　甘粕大尉事件。大杉栄ら扼殺される。 一一月　国民精神作興に関する詔書出る。
一九二四	一三	この年、山田文昭『真宗史』、侍董寮編『大谷派近代年表』出る。	一月　佐々木月樵、大谷大学学長になる。 三月　全国水平社第三回大会において、東西両	二月　憲政擁護国民大会が開かれる。 六月　加藤高明内閣成立。 一一月　東京帝大に仏教

一九二五	一四	五月　佐々木月樵、「大谷大学樹立の精神」発表。 六月　大谷派、『宗報』と『教化』を合併して『真宗』と改題。 八月　木津無庵・山辺習学・赤沼智善ら編の『新訳仏教聖典』刊行。 この年、石川舜台、限定相続問題につき、『本	本願寺への募財拒絶決議される。 同月　大谷派、伝道講究院を設け、伝道者の養成をはかる。 四月　京都大谷専修学院を開設、初代院長に谷内正順就任する。 一〇月　西本願寺に「一如会」結成。 一〇月　一柳知成、大谷派寺務総長を辞任し、稲葉昌丸が就任。 一一月　大谷派の保育事業の増大に伴い、社会課主催の第一回保育大会を開く。 同月　竜谷大学学制審議会が非公式に政治科・経済科を設置し総合大学とする意見で一致し、	青年会館建立。 四月　治安維持法発布。 五月　普通選挙法を公布。 一〇月　宗教法案作成の下準備として、文部省宗教局と法令審査員会との間で会議がもたれる。

西暦	年号			
一九二六	昭和元 一五	願寺宗政論』を発表。 この年、金子大榮、『彼岸の世界』『浄土の観念』出版。 一月　金子大榮・曾我量深ら、『仏座』創刊。 三月　村上専精・辻善之助・鷲尾順敬編『明治維新神仏分離史料』刊行はじまる。 この年、金子大榮『如来及び浄土の観念』、佐々木芳雄『蓮如上人伝の研究』刊行。	具体案を作成。 一二月　大谷光演、巨額の負債により、大谷光暢の限定相続が決定。 この年、僧侶参政権が実現。 三月　地方改善事業促進のため、武内了温ら発起人となり、「真身会」を結成する。 五月　佐々木月樵没（三月六日）のあとを承け、村上専精、大谷大学学長になる。 六月　教派神道一三派、宗教法案反対運動開始。仏教五六派も反対。 八月　真宗協和会、宗教法案中の神社問題について、神社の宗教非宗教を明確にすることを	三月　労働農民党結成。 五月　宗教法案（第二次）の諮問機関に文部省で宗教制度調査会設置。 一二月　社会民衆党結成。 同月　大正天皇没。

文部省に要求。
一一月　真宗各派協議会が西本願寺飛雲閣で開かれ、神社問題などについて協議。

文庫化にあたって

本書は、㈱筑摩書房より刊行された『シリーズ親鸞』のうち、第九巻『近代日本と親鸞―信の再生』を文庫化したものです。

『シリーズ親鸞』は、二〇一一年、真宗大谷派（東本願寺）が厳修（ごんしゅう）した「宗祖親鸞聖人七五十回御遠忌」を記念して、宗派が筑摩書房の協力を得て出版したものです。シリーズの刊行にあたり、監修を務めた小川一乗氏は、

いま、現代社会に向かって広く「浄土真宗」を開示しようとするのは、宗祖親鸞聖人によって顕（あきら）かにされた「浄土真宗」こそが、今日の社会が直面している人間中心主義の闇を照らし出し、物質文明の繁栄の底に深刻化しているから人類生存の危機を克服する時機相応の教えであるとの信念に立っているからです。本書を通して一人でも多くの方が、親鸞聖人の教えである「浄土真宗」に出遇っていただき、称名念仏する者となってくださる機縁となりますことを念願しています。

このシリーズは、執筆者各々が役割分担して「浄土真宗」を明らかにしたいと企画されました。そのために、担当する文献や課題を各巻ごとに振り分けて、それぞれを主題として執筆されています。それによって、引用される文献や史資料が各巻にわたって重複することを少なくし、「浄土真宗」の全体が系統的に提示されるようにいたしました。（中略）『シリーズ親鸞』は学術書ではありません。学問的な裏付けを大切にしつつも、読みやすい文章表現になるよう努めました。と述べています。今回の文庫化にあたっては、その願いを引き継ぎ、さらに多くの方々に手にとってお読みいただけるよう、各執筆者の方々に若干の加筆・修正をお願いいたしました。本書を機縁として、一人でも多くの方が「浄土真宗」に出遇っていただけることを願っています。

最後になりましたが、文庫化にあたってご協力をいただいた㈱筑摩書房様、また、発行をご快諾いただきましたご遺族の安冨裕美子氏に厚く御礼申しあげます。

二〇一八年一月

東本願寺出版

安冨　信哉（やすとみ　しんや）

1944（昭和19）年生まれ。早稲田大学卒。大谷大学教授、真宗大谷派教学研究所所長などを歴任。文学博士。専門は真宗学。著書『『教行信証』への序論―総序を読む』『『選択本願念仏集』私記』（以上、東本願寺出版）、『『唯信鈔』講義』（大法輪閣）など。2017（平成29）年3月31日逝去。

近代日本と親鸞―信の再生―

2018（平成30）年2月28日　第1刷発行

著　　者　安冨信哉
発 行 者　但馬　弘
編集発行　東本願寺出版（真宗大谷派宗務所出版部）
〒600-8505　京都市下京区烏丸通七条上る
TEL　075-371-9189（販売）
075-371-5099（編集）
FAX　075-371-9211
印刷・製本　中村印刷株式会社
装　　幀　株式会社アンクル

ISBN978-4-8341-0573-5　C0015